Matthias Gfrörer

GUTSKÜCHE

Fotos von Elissavet Patrikiou

südwest

Inhalt

●

Inhalt

●

Inhalt

●

Vorwort

•

von Michael Hoffmann

Ja, wir waren alle verrückt. Im positiven Sinne. Ungezwungen und extrem engagiert in der Küche zum Ende der 1990er-Jahre. Wir wollten alles Kulinarische ausprobieren und vielleicht auch ein bisschen die Welt der Gastronomie auf den Kopf stellen. Ich war zuständig für das Restaurant Haerlin im Hotel Vier Jahreszeiten in Hamburg und Matthias begann dort seine Ausbildung zum Koch. So kam er auch in mein Gourmet-Restaurant. Zu dieser Zeit wurden alle Regeln der klassischen Kochkunst anders beziehungsweise neu von uns definiert. Für Matthias war es eine sehr prägende Zeit. Es fiel mir sofort auf, dass er extrem interessiert war, ein kreatives Händchen hatte und bereit war, die Herausforderungen in dieser Welt anzunehmen.

Die kulinarische Welt, die wir uns kreierten, war immer (auch mit allen Verrücktheiten) geprägt von strenger Disziplin in der Küche, Ehrfurcht vor unserem Berufsbild und Respekt vor der Natur, die uns mit einer Vielfalt an Produkten bereichert. Matthias hat all das aufgesaugt wie ein Schwamm, er hat immer alles in meinem Sinne umgesetzt und wurde zu einem prägenden Koch in meiner Küche.

Nicht nur in der kulinarischen Welt ist er ein kreativer Mensch, er hat auch die Gabe, Dinge zu analysieren, zu skizzieren und eine bunte, schöne Welt daraus zu kreieren. Von Beginn seiner Lehre an pflegte er seine Notizen mit entsprechenden Skizzen zu Gerichten beziehungsweise Rezepten

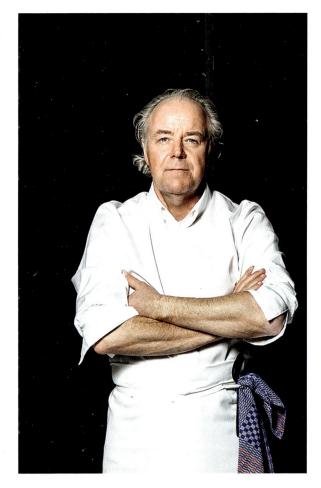

anzufertigen. Ihm gelang damit eine bewundernswerte Ästhetik, die wir zusammen noch vertiefen konnten in der intensiven Zeit als Sous Chef in meinem Restaurant Margaux in Berlin.

Er hat die kulinarische Welt bereist, viele Eindrücke und Erfahrungen gesammelt, hinter die Kulissen geschaut und daraus die Konsequenz gezogen, etwas Eigenes und Besonderes, etwas Gemeinsames mit seiner Frau Rebecca zu kreieren, das der Summe seiner Erfahrungen, seiner Philosophie entspricht.

Es ist eine logische Folge in seinem Werdegang, dass er den Weg in die Gutsküche gefunden hat, in seiner Heimatstadt Hamburg. Mit seiner Frau Rebecca und seinen zwei Kindern lebt er nun den Traum von einer ehrlichen und authentischen kulinarischen Welt. Es gibt nur wenige Orte wie die Gutsküche, die eine so schöne Möglichkeit bieten, im Einklang mit der Natur zu leben und seiner Passion nachzugehen. Ich freue mich sehr über den Weg, den Matthias und seine Frau gegangen sind, und bin überzeugt, dass in dem vorliegenden Buch jeder Kochbegeisterte Inspiration für eine ehrliche Küche findet.

Mit Dankbarkeit für all die viele Unterstützung während unserer gemeinsamen Zeit und die erlebten Situationen bin ich froh, dass ich Matthias und Rebecca für einige Zeit begleiten durfte.

Geschmack ist meine Heimat

•

Saisonale Küche aus naturnahen, nachhaltig erzeugten Lebensmitteln ist meine Leidenschaft, für die ich Sie begeistern möchte.

Als ich im Jahr 1998 meine Ausbildung zum Koch abgeschlossen habe, war ich »hungrig« auf Neues und brannte darauf, die Welt der Kulinarik international zu erleben. 1999 hatte ich die Gelegenheit, im Restaurant The Manor in West Orange, New York, meine ersten internationalen Erfahrungen als Koch zu sammeln. In Deutschland zurück, begann für mich eine wunderbare und prägende Zeit im Sternerestaurant Margaux in Berlin bei meinem Freund und Mentor Michael Hoffmann. Hier erhielt ich den ersten handwerklichen »Feinschliff« in Michaels produktverliebter Hochküche. Seine zeitgemäße Cuisine Avantgarde ist für mich in der Hauptstadt zur Passion geworden.

Von diesem Herd-Virtuosen zog es mich nach Südfrankreich. Dort konnte ich in Monte Carlo unter Olivier Streiff den kulinarischen Herzschlag der Provence auf seine ganz eigene Art aufnehmen. Eine Saison später fand ich mich bei Santi Santamaria, dem spanischen Großmeister der traditionellen katalanischen Küche, in den Bergen von Barcelona wieder. Santis Naturverständnis zwischen »mar e montaña« waren einzigartig. Das gemeinsame Essen, Trinken und die Liebe zu regionalen Produkten haben einen sehr großen Stellenwert im Leben der Katalanen und bilden bis heute für mich ein Schlüsselerlebnis. Meine Leidenschaft für eine authentische Landhausküche war nun entbrannt. Viele weitere Stationen durfte ich noch erkunden und erschmecken.

Meine Frau Rebecca, selbst erfahrene Köchin und Sommelière, ist diesen Weg bis heute mit mir zusammen gegangen. Im Jahr 2009 inmitten der europäischen Finanzkrise bot sich für uns die wunderbare Gelegenheit, etwas Eigenes aufzubauen und den lang gehegten Wunsch eines eigenen Restaurants zu verwirklichen. So entstand unsere eigene zeitgemäße Landhausküche. Die Gutsküche auf dem Bioland-Gut Wulksfelde wurde und ist meine kulinarische Heimat. Die Begeisterung für eine saisonale und unverfälschte Küche aus nachhaltig erzeugten Produkten ist bis heute meine »Heimat für den guten Geschmack«. Auf diesem historischen Landgut wird der überwiegende Teil der von mir verwendeten Produkte mit viel Hingabe hergestellt. Vieles findet den Weg direkt vom Feld oder Stall auf den Teller. Die Wege sind kurz. Frische und Qualität der Ausgangsprodukte sind die Garanten für gelungene Speisen. In der scheinbaren Einfachheit mit nur wenigen Zutaten lässt sich die größte Intensität an Geschmack erzeugen.

Für Sie habe ich nun die Lieblingsrezepte der Gutsküche eines ganzen Jahres zusammengestellt und möchte Sie mit diesem sehr persönlichen Kochbuch in meiner Landhausküche an die Hand nehmen.

Matthias Gfrörer

Gut Wulksfelde

●

Direkt vor den Toren Hamburgs liegt das Gut Wulksfelde. Hier werden im grünen Alstertal bereits seit 1989 hervorragende landwirtschaftliche Produkte nach Bioland-Richtlinien erzeugt, verarbeitet und verkauft – unverwechselbare Biolebensmittel in höchster Qualität.

Auf knapp 480 Hektar werden ökologisch nachhaltig Getreide, Kartoffeln, Gemüse, Obst und Kräuter angebaut. Auf den saftigen Wiesen leben artgerecht 250 Rinder robuster Rassen wie Deutsch-Angus und Deutsch-Limousin. Die großzügigen Ställe bieten viel Auslauf und hervorragende Bedingungen. Hier werden etwa 220 Schweine und 2400 Hühner naturnah aufgezogen und gehalten. Die Fütterung der Tiere erfolgt ausschließlich aus dem eigenen Bioland-Anbau und dem, was die Natur bereitstellt.

Unsere Form der Landwirtschaft arbeitet mit den Kräften der Natur – nicht gegen sie. Wir denken in Kreisläufen, geben der natürlichen Bodenfruchtbarkeit oberste Priorität, verzichten auf chemisch-synthetischen Dünger und Pflanzenschutz und lassen der Natur Raum, sich zu entfalten. Gentechnik lehnen wir kategorisch ab. Unsere Tiere leben auf dem Gut, wie es ihrer Art entspricht. Denn auch sie haben ein gutes Leben verdient.

Auf Gut Wulksfelde arbeiten wir jeden Tag aus Überzeugung und mit Leidenschaft für eine Welt, die heute und in Zukunft mit ihren natürlichen Ressourcen respektvoll umgeht,

und wir sind auf dem Weg, ein klimaneutrales Gut zu werden. Nachhaltiges Wirtschaften ist für jeden Erzeuger und Verarbeiter möglich, wenn der Kunde sich für gute und gesunde Lebensmittel entscheidet. Wir wünschen uns, dass bio der Normalzustand wird.

So entsteht hier so gut wie nebenbei schon in den Wurzeln, Keimlingen und den in Ruhe aufwachsenden Lebensmitteln ein ganz besonderer Geschmack. Mich beseelt diese liebevolle und geschmacksintensive Verbindung täglich aufs Neue – seit über zehn Jahren in der Gutsküche.

Die Erzeugnisse vom Gut Wulksfelde werden seit 1990 im eigenen Hofladen vermarktet. Seit 1997 gibt es darüber hinaus den Lieferservice, mit dem heute über 2500 Kunden im Großraum Hamburg mit frischen und gesunden Lebensmitteln beliefert werden. In der Wulksfelder Gutsbäckerei wird seit 1999 aus den selbst erzeugten Getreidesorten Weizen, Roggen und Dinkel mithilfe ausschließlich natürlicher Zutaten köstliches Brot in feinster Bioqualität gebacken. Jede Nacht wird hier unter anderem exklusiv für die Gutsküche ein herzhaftes Bauernbrot, ein Salzkrusten-Ciabatta und ein nordisches Schwarzbrot frisch gebacken. Hier bin ich zu Hause, in diesem natürlichen Rahmen erblühten meine Produktliebe und Kreativität, gemeinsam mit den 160 Mitarbeitern des Guts, ihrer jahrelangen Handwerkserfahrung und ihrem Engagement. Ich bin am richtigen Ort angekommen.

WINTER

NOVEMBER – MÄRZ

Unser Land hier in Schleswig-Holstein gefriert nur selten und ist nicht richtig rau. Ich verspüre den heimischen Winter eher als ein Zur-Ruhe-Kommen und Ausruhen der Jahreszeiten. Ich wünsche Ihnen mit meinen Winter-Rezepten viele wärmende Aromen und simmernde Töpfe voller Lebenslust. Unsere Landhausküche beinhaltet kräftige Gerichte mit einer frischen Prise mediterraner Raffinesse und viel Liebe zum Detail.

Schwarzwurzelsalat

•

mit feinem Hasenfiletschinken und Preiselbeer-Vinaigrette

Die Schwarzwurzeln gründlich in kaltem Wasser mit einer Gemüsebürste waschen. Anschließend schälen und mit dem Sparschäler in feine längliche Scheiben hobeln. Den Wurzelsalat mit dem Zitronensaft, Meersalz und Zucker einige Minuten marinieren, so wird der feine Geschmack der Schwarzwurzeln noch intensiver.

Die Wintersalate in kaltem Wasser waschen, mit einer Salatschleuder trocken schleudern und von Wurzel- und Stielansätzen befreien. Die geschälten Walnüsse im Ofen bei circa 200 °C (Umluft) etwa 3 Minuten rösten. In einer kleinen Schüssel die gerösteten Walnüsse mit dem Walnussöl und 1 Prise Meersalz veredeln.

Den Schwarzwurzelsalat mit den Blattsalaten und dem Hasenfiletschinken anrichten. Mit den Walnüssen garnieren und mit der Preiselbeer-Vinaigrette beträufeln.

Herber, knackiger Wintersalat aus regionalen Zutaten

FÜR 4 PERSONEN
300–400 g frische
  Bio-Schwarzwurzeln
Saft von 1 Zitrone
Meersalz
Zucker
200 g Freiland-
  Wintersalate (z. B.
  kleiner Chicorée,
  junger Feldsalat,
  Rucola, Zichorien)
50 g Walnüsse
1 EL Walnussöl
100 g Hasenfiletschinken
100 ml Preiselbeer-
  Vinaigrette (Rezept
  Seite 230)

Chicorée »Cesare«

•

Winter-Fingerfood mit dem beliebtesten Dressing der Welt!

Von den Chicorée ½ Zentimeter vom Strunk abschneiden und mit dem Schnittende einige Minuten in lauwarmes Wasser legen, so werden die Bitterstoffe zum großen Teil herausgelöst. Die Chicorée der Länge nach halbieren und die Schnittfläche mit Meersalz, Zucker und schwarzem Pfeffer für gut 10 Minuten marinieren.

Anschließend die Schnittflächen mit Küchenkrepp abtupfen, danach mit dem Cesare-Dressing überziehen. Das Cesare-Dressing mit einem Gasbrenner oder unter dem Grill auf dem obersten Schub im Ofen kurz karamellisieren. Die Sardellenfilets längs halbieren und damit den Chicorée – zusammen mit den Parmesanspänen und frisch gemahlenem schwarzen Pfeffer – garnieren.

Tipp: Chicorée ist ein Wintergemüse mit einer leichten Bitternote. Die Bitterstoffe sind nicht nur appetitanregend, sondern haben auch eine beruhigende und antientzündliche Wirkung. Kurioserweise ist in Frankreich unser Chicorée als Endivie bekannt und die Endivie wird Chicorée genannt. Eines der köstlichsten Winter-Antipasti: knackig-aromatisch!

FÜR 4 PERSONEN
6 kleine Chicorée
Meersalz
Zucker
frisch gemahlener
    schwarzer Pfeffer
100 ml Cesare-Dressing
    (Rezept Seite 229)
6 Sardellenfilets
50 g Parmesankäse, in
    grobe Späne gehobelt

Wintergemüse – wunderbar
appetitanregend

Gutsküchen-Bauernbrot

•

und Husumer Deichkäs'
mit Musik

Zubereitung Bauernbrot

Aus allen Zutaten einen homogenen Teig kneten und abgedeckt an einem
warmen Ort (Backofen mit eingeschaltetem Licht) 1 Stunde ruhen lassen.
Anschließend noch einmal gut durchkneten und den Teig in ein mit Roggenmehl eingestäubtes Gärkörbchen geben. Noch einmal 1 Stunde an einem
warmen Ort ruhen lassen. Den Teig auf ein bemehltes Backblech stürzen und
im vorgeheizten Ofen bei 250 °C Ober- und Unterhitze (210 °C bei Umluft)
etwa 45 Minuten lang backen. Zusammen mit dem Brot eine kleine Schüssel
mit Wasser unten in den Ofen stellen.

Deichkäs' mit Musik

Den Käse in kleine, feine Scheiben schneiden und auf kleine Vorspeisen-
schalen verteilen. Die Haus-Vinaigrette mit dem Kümmel, 2 Prisen Pfeffer,
1 Prise Meersalz und 3 Prisen Zucker gut vermengen und gleichmäßig auf
dem Deichkäse verteilen. Die roten Zwiebeln schälen, in feine Ringe schneiden und zusammen mit etwas Salz, Zucker, Rapsöl und dem Himbeeressig
marinieren. Jetzt das Ganze als Garnitur über den Deichkäs' mit Musik
geben. Mit dem noch warmen Bauernbrot als herzhafte Mahlzeit servieren.

FÜR 4 PERSONEN

FÜR DAS BROT (750 G):
185 g Weizenmehl Type 550
205 g Roggenmehl Type 1150
20 g Weizenmehl
95 g Natursauerteig
290 ml Wasser
25 g Sonnenblumenöl
20 g dunkles Paniermehl
5 g helles Malzmehl
5 g dunkles Malzmehl
3 g Kümmelsaat
3 g Bauernbrot-Gewürz:
    Kümmel, Fenchel,
    Koriander, Sesam,
    Anis, Leinsaat, Bocks-
    hornklee, Pfeffer

FÜR DEN DEICHKÄS':
200 g alter Deichkäse
    gerne von der Bio-Käserei
    Backensholz
100 ml Haus-Vinaigrette
    (Rezept Seite 227)
1 EL Kümmelsaat
3 große Prisen frisch gemah-
    lener schwarzer Pfeffer
1 große Prise Meersalz
½ TL Rohrzucker
2 rote Zwiebeln
2 EL Rapsöl
1 EL Himbeeressig

Opas »hessischer
Klassiker«,
aromatisch
verfeinert mit
Deichkäse

Pastinaken-Samtsuppe

•

mit gerösteten Mandeln, Apfel und Staudensellerie

Suppe

Die Zwiebeln schälen, die Pastinake mit der Gemüsebürste unter kaltem Wasser gründlich waschen. Die Gemüse in grobe Würfel schneiden und in Nussbutter und Öl anrösten, bis das Gemüse leicht gebräunt ist. Mit dem Weißwein ablöschen und etwas einköcheln lassen. Den Gemüsefond und den Apfelsaft hinzugeben und mit Muskatnuss, Pfeffer, Salz und Zucker würzen. Die Gemüsesuppe bei milder Hitze garen. Anschließend die Milch hinzugeben und kurz aufkochen lassen. Die Suppe fein pürieren, Sahne und Sauerrahm unterrühren und mit Salz, Pfeffer, Zucker und Zitronensaft noch einmal gut abschmecken.

Suppeneinlage

Die Pastinake und den Apfel schälen. Vom Staudensellerie die groben Fasern abziehen und anschließend alles in feine Würfel schneiden. Die Gemüsewürfel leicht in einer Mischung aus Zitronensaft, Salz und Zucker marinieren. In einer kleinen Pfanne die Butter erhitzen und die Mandeln darin rösten, bis sie leicht gebräunt sind, die Gemüsewürfel hinzugeben und für etwa 1 Minute leicht mitdünsten.

Sanfte Winteraromen mit knackiger Einlage

FÜR DIE SUPPE:
500 g Zwiebeln
800 g Pastinaken
100 g Butter (Nussbutter, Rezept Seite 232)
50 ml Olivenöl extra vergine
100 ml Weißwein
2 l Gemüsefond
200 ml Apfelsaft
frisch geriebene Muskatnuss
frisch gemahlener schwarzer Pfeffer
Meersalz, Zucker
500 ml Milch
100 ml Sahne
100 g Sauerrahm
1 TL Saft von 1 Bio-Zitrone

FÜR DIE SUPPENEINLAGE:
1 Pastinake
1 fester säuerlicher Apfel
1 Stange Staudensellerie
Zitronensaft
Meersalz, Zucker
etwas Butter
50 g ganze geschälte Mandeln

Calamaretti »nero«

•

mit Venere-Risotto und Cime di rapa

Risotto

Die Zwiebeln schälen und in feine Würfel schneiden. In einem großen Topf das Olivenöl erhitzen und die Zwiebeln zusammen mit dem Knoblauch-Confit anschwitzen, nicht bräunen. Den Venere-Reis einrieseln lassen und kurz mit anschwitzen, mit dem Weißwein ablösen und unter ständigem Rühren nahezu ganz verkochen. Mit dem Kräutersalz, den Lorbeerblättern und dem frisch gemahlenen Pfeffer würzen. Gemüse- und Geflügelfond immer wieder ein wenig angießen und unter Rühren verkochen lassen, bis der Reis die Flüssigkeit fast vollständig aufgenommen hat. Wenn der Reis al dente gegart ist, die Butter und den Parmesan unterrühren und nicht mehr kochen lassen. Dem Risotto mit der Sepiafarbe eine schöne tiefschwarze Farbe geben.

Cime di rapa und Calamaretti

Die Calamaretti am besten vom Fischhändler küchenfertig vorbereiten lassen, kalt abbrausen und gut mit Küchenkrepp trocken tupfen. Den Cime di rapa von den großen dunklen Blättern befreien und in kaltem, gesalzenem Wasser gründlich waschen. In einer Schwenkpfanne Olivenöl stark erhitzen und den Cime di rapa zusammen mit der Knoblauchzehe für 2–3 Minuten rösten. Die Calamaretti dazugeben und 1–2 Minuten mitrösten. Mit dem Piment d'Espelette, Meersalz und ein paar Spritzern Zitronensaft abschmecken. Zusammen mit dem Risotto heiß servieren.

Tipp: Cime di rapa (wörtlich: »Rübenspitzen«), oder zu Deutsch Stängelkohl, ist eine sehr würzige Kohlsorte und in guten italienischen Feinkostgeschäften erhältlich. Die größeren dunkelgrünen Blätter nur wenig mitverwenden, da hier die meisten Bitterstoffe enthalten sind.

Eine europäische Delikatesse

FÜR 4 PERSONEN

FÜR DAS RISOTTO:
4 kleine Zwiebeln
50 ml Olivenöl extra vergine
2 EL Knoblauch-Confit
300 g Venere-Reis
200 ml trockener Weißwein
1 EL Kräutersalz
2 Lorbeerblätter
frisch gemahlener
    schwarzer Pfeffer
800 ml kräftiger Gemüsefond
600 ml Geflügelfond
100 g Butter
100 g frisch geriebener
    Parmesan
1 Päckchen Sepiafarbe
    (ca. 4 g)
Meersalz

FÜR DIE CALAMARETTI:
600g frische Calamaretti
400 g Cime di rapa oder
    wilder Brokkoli
3 EL Olivenöl extra vergine
1 Knoblauchzehe
1 TL Piment d'Espelette
    (süßlich milder Chili aus
    dem Baskenland)
Meersalz
Saft von ½ Bio-Zitrone

Skreifilet à la Escabeche

•

mit Wintergemüsen

Escabeche-Fond

Die Zwiebeln schälen und ebenso wie die anderen Gemüse in grobe Würfel schneiden. In einem Suppentopf mit dem Olivenöl kräftig anrösten, sodass eine schöne Bräunung entsteht. Mit dem Weißwein ablöschen und etwas köcheln lassen, damit der Alkohol größtenteils verdampft. Nun die übrige Flüssigkeit und alle anderen Zutaten außer dem Zitronenöl hinzugeben. Den Fond auf etwa 1 Liter reduzieren, durch ein feines Sieb passieren und das Zitronenöl hinzufügen.

Skrei

Das Kabeljaufilet trocken tupfen und in Portionen schneiden, mit Salz und Pfeffer würzen und die Hautseite mit der Polenta leicht mehlieren. In einer Pfanne Olivenöl erhitzen und das Filet auf der Hautseite für 4–5 Minuten bei mittlerer Hitze anbraten. Die Filets aus der Pfanne nehmen und das Bratfett abgießen. 200 Milliliter Escabeche-Fond in die Pfanne geben und die Skreifilets mit der Fleischseite in den Fond setzen und circa 6 Minuten bei milder Hitze gar ziehen lassen.

FÜR 4 PERSONEN

FÜR DEN ESCABECHE-
FOND:
3 Zwiebeln
½ Fenchelknolle
2 Stangen
   Staudensellerie
20 ml Olivenöl
   extra vergine
500 ml trockener
   Weißwein
750 ml Gemüsefond
400 ml Tomatenpüree
   (natur)
500 ml Apfelsaft
250 ml Orangensaft
20 ml Ahornsirup
Saft von 1 Bio-Zitrone
50 g Knoblauchpaste
3 Lorbeerblätter
1 EL Ingwer, frisch
   gehackt
1 TL Piment d'Espelette
10 ml Zitronenöl

nächste Seite _____→

Gemüse-Einlage

Die Zwiebeln, Topinambur und die Möhren schälen. Alle Gemüsesorten in mundgerechte Stücke schneiden und mit Olivenöl in einer Pfanne anrösten. Das Gemüse mit 500 Milliliter von dem Escabeche-Fond ablöschen und bei milder Hitze garen. Das Gemüse soll noch einen schönen knackigen Biss haben. In einen vorgewärmten tiefen Teller etwas von dem Wintergemüse und dem Escabeche-Fond geben. Das Skreifilet mit der Hautseite nach oben auf das Gemüse setzen und sofort servieren.

Mein katalanischer Wintereintopf, der für Leichtigkeit an grauen Wintertagen sorgt

FÜR DEN SKREI:
600 g Winterkabeljau
   filet mit Haut
Meersalz
frisch gemahlener
schwarzer Pfeffer
1 EL feine Polenta
   (Maisgrieß)
4 EL Olivenöl
   extra vergine

FÜR DEN GEMÜSE-
EINTOPF:
2 rote Zwiebeln
6 rote Topinambur
2 Möhren
1 Fenchelknolle
2 Stangen
   Staudensellerie
2 rote Spitzpaprika
¼ Blumenkohl
etwas Olivenöl zum
   Anbraten

Rotkohl »en gros«

•

mit Hirschkalbsfilet
und Esskastanien

Rotkohl

Am Vortag vorbereiten, damit der Rotkohl gut durchziehen kann. Den Rotkohl von den äußeren Blättern befreien und den Strunk etwa einen halben Daumen breit abschneiden. Nun den Rotkohl mit der Gewürzmischung, Zucker und Salz kräftig einreiben. Die Säfte in einem Topf zum Kochen bringen und den Rotkohl bei milder Hitze und geschlossenem Deckel für etwa 3 ½ Stunden gar köcheln lassen.

Wenn der Rotkohl wachsweich gegart ist (mit einem Holzspieß einstechen), den Topf vom Herd nehmen und den Rotkohl im Topf etwas auskühlen lassen, anschließend in Klarsichtfolie einschlagen und komplett auskühlen und über Nacht durchziehen lassen. Den »Rotkohl-Lack« aufbewahren für den Wild-Jus zum Hirschkalbsfilet.

Hirschkalbsfilet

Den Ofen auf 165 °C Ober- und Unterhitze vorheizen. Das Hirschkalbsfilet mit dem Kräuter- und Meersalz leicht würzen. Die Nussbutter in einer Pfanne schäumend erhitzen und das Hirschkalbsfilet darin von allen Seiten gut anrösten und im vorgeheizten Ofen 5–8 Minuten gar ziehen lassen.

Das Filet aus dem Ofen nehmen und mit etwas Nussbutter überziehen und an einem warmen Ort 3 Minuten ruhen lassen. In den Bratensatz aus Nussbutter und Fleischsaft etwas von dem »Rotkohl-Lack« geben, sodass daraus ein Wild-Jus entsteht. Mit Meersalz und Pfeffer gut abschmecken.

Esskastanien

Die Butter in einem Schwenktopf zur Nussbutter rösten (Rezept Seite 232). Die Schalotten schälen, in grobe Würfel schneiden und mit den Esskastanien zusammen in der Nussbutter anrösten, bis sie hellbraun sind. Mit dem Weißwein und dem Madeira ablöschen und die Flüssigkeit langsam reduzieren, bis die Kastanien schön glasiert sind.

Rotkohl 3.0 – ein Klassiker erfindet sich neu

FÜR 4 PERSONEN

FÜR DEN ROTKOHL:
1 mittelgroßer Rotkohl
3 EL Rotkohlgewürz
    (Rezept Seite 224)
2 EL Rohrzucker
1 EL Meersalz
500 ml Holundersaft-
    Direktsaft
1 l Apfelsaft

FÜR DAS
HIRSCHKALBSFILET:
1 Hirschkalbsfilet,
    küchenfertig vorbereitet
Kräutersalz
Meersalz
100 g Butter (Nussbutter,
    Rezept Seite 232)
frisch gemahlener
    schwarzer Pfeffer

FÜR DIE ESSKASTANIEN:
20 g frische Butter
100 g Schalotten
200 g frisch
    geschälte Esskastanien
100 ml trockener
    Weißwein
50 ml Madeira

Maronensuppe

•

mit gereiftem Wildschweinschinken

Die Zwiebel und die Pastinaken schälen, den Staudensellerie waschen und trocken tupfen. Das Gemüse fein würfeln und vom Sellerie und den Pastinaken je 2 Esslöffel für die Suppeneinlage beiseitelegen. Den Wildschweinschinken in hauchdünne Scheiben schneiden.

Die Zwiebel in der Butter glasig anschwitzen und die Maronen und das Gemüse 2 Minuten mitbraten, den Cognac hinzugeben und verkochen lassen. Mit der Gemüsebrühe auffüllen und das Gemüse weich garen. Mit einem Mixstab ganz fein pürieren und die Milch hinzugeben.

Das Ganze etwa 15 Minuten leise köcheln lassen und mit dem Wermut, Muskatnuss, Salz, Pfeffer und Zucker gut abschmecken.

In der Zwischenzeit das beiseitegelegte Gemüse andünsten. In jede Suppentasse etwas davon geben, den Wildschweinschinken auf einem Holzbrett anrichten und einige Blättchen vom Bohnenkraut auf die Suppe geben.

Kindheitsgeschmack und pures Wintergefühl mit zartem Schinken und pfeffrigem Bohnenkraut

FÜR 4 PERSONEN:
1 Zwiebel
2 Pastinaken
2 Stangen
    Staudensellerie
2 Scheiben gereifter
    Wildschweinschinken
    vom Frischling
100 g Butter
1 Packung (200 g)
    Maronen, gegart,
    vakuumiert
1 cl Cognac
1 l Gemüsebrühe
1 l Vollmilch
6 cl trockener
    Wermut
frisch geriebene
    Muskatnuss
Meersalz
frisch geriebener
    schwarzer Pfeffer
Zucker
2 Zweige Bohnenkraut

Rote Winterbete

•

... wunderschön in ihrer erdigen Einfachheit

Einen Topf mit Wasser auf dem Herd erhitzen, bis das Wasser kurz vor dem Kochen ist (circa 98 °C).

Die Rote Bete waschen, in einen Klarsichtbeutel geben, den Kirschsaft, Meersalz und den Rohrzucker zugeben. Die Luft vorsichtig herausdrücken und mit einem Clip wasserdicht verschließen. Die Bete etwa 1 ½ Stunden im Wasserbad garen.

Die Rote Bete abkühlen lassen, bis sie lauwarm ist, schälen und in 1 Zentimeter feine Scheiben schneiden. Die Scheiben auf ein mit Backpapier ausgelegtes Backblech legen, mit Olivenöl bepinseln und bei 130 °C in der Mitte des Backofens circa 15 Minuten erwärmen. Auf vorgewärmten Tellern servieren.

Tipp: Besonders fein ist die Winterbete, wenn sie vor dem ersten Frost eingelagert wurde. Fragen Sie Ihren Bio-Gemüsehändler!

Kräftig in der Farbe, fein-süßlich im Geschmack

FÜR 4 PERSONEN
1 große Bio-Rote-Bete
   (mehr als 15 cm Durch-
   messer)
10 EL Kirschsaft
1 EL Meersalz
3 EL Rohrohrzucker
2 EL Olivenöl
   extra vergine

Rote-Bete-Graupen-Risotto

•

Winterbete in ihrer schönsten Form

Zwiebeln und Knoblauch schälen und in feine Würfel schneiden. In Olivenöl glasig anschwitzen, die Perlgraupen dazugeben und kurz mitbraten. Mit
Weißwein unter ständigem Rühren ablöschen und die Flüssigkeit vollständig
verdampfen lassen. Die Lorbeerblätter hinzufügen.

Gemüsefond und den Rote-Bete-Saft nach und nach angießen und die Graupen 30–40 Minuten bei milder Hitze al dente garen.

Mit dem Kräutersalz und dem Pfeffer gut abschmecken. Die Lorbeerblätter
entfernen und die kalte Butter und den Käse unterrühren. Heiß servieren.

Frei von grauer Winter-Tristesse: farbenfroh, vegetarisch und aromatisch

FÜR 4 PERSONEN
3 kleine Zwiebeln
2 Zehen Knoblauch
50 ml Olivenöl
300 g Perlgraupen
50 ml trockener
  Weißwein
2 Lorbeerblätter
1 l Gemüsefond
200 ml Rote-Bete-Saft
1 EL Kräutersalz
½ TL frisch gemahlener
  schwarzer Pfeffer
100 g Butter
100 g gereifter
  Ziegenkäse oder
  Pecorino

Wildschweinkoteletts

•

mit Grünkohlspinat, Haselnüssen und Röstdrillingen

Wildschweinkoteletts

Die Wildschweinkoteletts circa 2 Stunden vor der Zubereitung aus dem Kühlschrank nehmen, damit sie Zimmertemperatur beim Braten haben. Eine Pfanne auf mittlere bis hohe Hitze erwärmen, das Butterschmalz schmelzen lassen. Die Wildschweinkoteletts von jeder Seite circa 6 Minuten haselnussbraun braten und erst nach dem Braten von jeder Seite mit Salz und Pfeffer würzen. Die Koteletts in Alufolie wickeln und für 6–10 Minuten ruhen lassen.

Grünkohlspinat

Den Grünkohl von den verbliebenen Stängeln zupfen und von den groben Blattrippen befreien, gründlich in kaltem Wasser waschen und trocknen. Hierzu eignet sich gut eine Salatschleuder. Grünkohl in feine Streifen schneiden.

Die Zwiebeln schälen und in sehr feine Streifen schneiden. Haselnüsse in einen Klarsichtbeutel geben und mit dem Boden einer kleinen Pfanne grob zerstoßen. Eine große Schwenkpfanne mit dem Öl auf mittlere Hitze vorheizen und die Zwiebeln mit dem Grünkohl gut rösten.

Zum Ende der Garzeit die Haselnüsse, Haselnussöl und die Gremolata hineingeben, mit Muskatnuss, Salz, Pfeffer und Zucker gut abschmecken.

Herzhaft, gereift, nussig – GUT!

nächste Seite ———————→

FÜR 4 PERSONEN

FÜR DIE WILDSCHWEIN-
KOTELETTS:
2 trocken gereifte
   Wildschweinkoteletts
   (400 g) oder Bio-
   Ferkelkoteletts
3 EL Butterschmalz
   zum Braten
Meersalz
frisch gemahlener
   schwarzer Pfeffer

FÜR DEN GRÜN-
KOHLSPINAT:
600 g frischer, von Hand
   gerupfter Grünkohl
100 g Zwiebeln
30 g ganze geröstete
   Haselnüsse
3 EL Rapsöl zum Braten
1 EL Haselnussöl
2 EL Gremolata
   (Rezept siehe Seite 233)
frisch geriebene
   Muskatnuss
Meersalz
frisch gemahlener
   schwarzer Pfeffer
Rohrohrzucker
   (z. B. Muscovado)

Röstdrillinge

Die Drillinge mit der Schale gründlich waschen und in gut gesalzenem Wasser 15–20 Minuten gar kochen. In einer Schwenkpfanne das Butterschmalz erhitzen und die Drillinge von allen Seiten schön braun anrösten. Zuletzt die Drillinge mit dem Palmzucker bestreuen und noch einmal gut durchschwenken, mit Salz und Pfeffer abschmecken.

Die Wildschweinkoteletts nach dem Ruhen in Scheiben aufschneiden und auf vorgewärmten Tellern zusammen mit dem Grünkohlspinat und den Röstdrillingen servieren.

FÜR DIE DRILLINGE:
800 g Hof-Drillinge
Meersalz
3 EL Butterschmalz
1 EL Palmzucker
frisch gemahlener
    schwarzer Pfeffer

Hasenpfeffer

•

mit sautiertem Rosenkohl, Schwarzwurzeln und Kartoffelroulade

Hasenpfeffer

Die küchenfertigen Hasenkeulen auf verbliebenes Schrot kontrollieren, waschen und sorgfältig trocken tupfen. Die Hasenkeulen mit dem Pfeffer, Salz und dem Rohrzucker einreiben. Den Holundersaft mit den Wacholderbeeren, Rosmarin, Thymian und dem Lorbeerblatt in eine Schüssel geben und die Hasenkeulen darin über Nacht im Kühlschrank abgedeckt marinieren lassen.

Die Karotten, den Sellerie und die Zwiebel schälen und in Würfel schneiden.

Die Hasenkeulen aus der Marinade nehmen und gut abtropfen lassen, die Marinade beiseitestellen.

In einem Schmortopf das Rapsöl stark erhitzen und die Hasenkeulen nacheinander rundherum kräftig anbraten und wieder aus dem Topf nehmen. Die Gemüsewürfel in den Topf geben und ebenfalls gut anbraten, zuletzt das Tomatenmark dazugeben und kurz mit anrösten. Mit dem Rot- und Portwein nach und nach ablöschen, die Flüssigkeit nahezu vollständig verkochen lassen. Mit dem Wildfond und der Marinade aufgießen und 2–3 Minuten kochen lassen. Die Hasenkeulen wieder dazugeben und mit Salz, Zucker und Pfeffer kräftig abschmecken. Bei geschlossenem Deckel 2 ½ Stunden bei milder Hitze schmoren lassen.

Nach 2 Stunden die weiteren Säfte hinzufügen. Am Ende der Garzeit das Fleisch aus der Soße nehmen, warm stellen und die Soße durch ein feines Sieb in einen anderen Topf gießen.

Die Soße aufkochen. Mit Gremolata, einem Spritzer Worcestershire-Soße und Salz abschmecken. Falls erforderlich, die Soße mit in kaltem Wasser angerührter Stärke andicken. Das Fleisch mit der Soße wieder in den Schmortopf geben und kurz darin erwärmen. Mit den kalt gerührten Preiselbeeren und Gremolata servieren.

nächste Seite ⟶

FÜR 4 PERSONEN

FÜR DEN HASENPFEFFER:
1 kg Hasenkeulen,
    küchenfertig
1 TL frisch gemahlener
    schwarzer Pfeffer
2 EL Meersalz
3 EL brauner Rohrzucker
800 ml Holunder-Direktsaft
10 Wacholderbeeren
je 2 Stück frische
    Rosmarin- und
    Thymianzweige
1 Lorbeerblatt
2 Karotten
½ Sellerieknolle
1 große Zwiebel
Rapsöl
2 EL Tomatenmark
400 ml trockener Rotwein
200 ml Portwein
1,5 l Wildfond
100 ml Orangensaft
200 ml Apfelsaft
Worcestershire-Soße
Maisstärke
100 g kalt gerührte
    Wildpreiselbeeren
    (Rezept Seite 226)
Gremolata (Rezept
    siehe Seite 233)

Kartoffelroulade

Den Backofen auf 180 °C Umluft vorheizen und die Kartoffeln auf einem Backblech je nach Größe für etwa 30–45 Minuten in der Schale backen. Kartoffeln halbieren, mit einem Löffel das Innere ausschaben und durch eine Kartoffelpresse geben. Auskühlen lassen, damit das Ei nicht gerinnt.

Die Kartoffelmasse mit Semmelbrösel, Eiern, Butter, Muskatnuss und Kräutersalz zu einem schönen glatten Teig vermischen. Kartoffelmasse zu einer Rolle formen, in 5 Zentimeter lange Stücke schneiden und die einzelnen Stücke in Klarsichtfolie fest wie einen Serviettenknödel einrollen. In etwa 95 °C heißem Wasser etwa 15–18 Minuten pochieren, nicht kochen. Abkühlen lassen, die Folie entfernen und schräg in zwei Hälften schneiden. Die Kartoffelrouladen in Butter schön goldbraun anbraten.

Gemüsebeilage

Rosenkohl von den äußeren Blättchen und den Stielansätzen befreien, 3 Minuten in leicht gesalzenem Wasser blanchieren, abgießen und unter kaltem Wasser abschrecken. Die Schwarzwurzeln schälen, in Stücke schneiden und zusammen mit dem Rosenkohl in Öl noch bissfest goldbraun anbraten, die Butter erst kurz vor Ende dazugeben, damit sie nicht zu dunkel wird.

Tipp: Den Hasenpfeffer am Vortag ansetzen, da er am zweiten Tag am besten schmeckt!

FÜR DIE KARTOFFEL-
ROULADE:
1,2 kg mehligkochende
    Kartoffeln
60 g Semmelbrösel
3 Eier
3 Eigelb
80 g Butter, zimmerwarm
frisch geriebene
    Muskatnuss
Kräutersalz
frisch gemahlener
    schwarzer Pfeffer

FÜR DIE GEMÜSE-
BEILAGE:
500 g kleiner Rosenkohl
500 g Schwarzwurzeln
2 EL Rapsöl
2 EL Butter

Die wohl eleganteste Variante vom Hasen im Schmortopf

Rebeccas Weinempfehlung: 2015 Spätburgunder, Hand in Hand – Weingut Klumpp – Baden, Deutschland
Die zarte Textur mit einem leicht süßlich schmeckenden Hasen ist nicht nur umwerfend, sondern geht Hand in Hand mit dem Spätburgunder eine unbeschreibliche Harmonie ein. Dieser Spätburgunder ist weich und hat elegante Himbeer-, kandierte Rote-Bete- und Kirschnoten. Er sucht quasi nach Kakao im Gericht und findet ihn. Der Wein ist elegant, luftig, vital und ist von unerhörter Subtilität aufgrund der besonderen seidigen Tannine.

Rhakhshans Weinempfehlung: 2018 Blanc de Noir, Edition Zhouleh – Weingut Stefan Lang – Burgenland, Österreich
Der Wein hat dezente lachsfarbene Reflexe und Nuancen von roten Beeren. Am Gaumen ist er cremig, im Nachhall würzig. Der Wein hat Kraft und Würzigkeit zum Hasenpfeffer. Die delikate Struktur vom Blanc de Noir ist sehr appetitanregend und die roten Früchte sind die Ergänzung für seine Harmonie.

Fliederbeersüppchen

•

mit Vanille-Grieß-Flammeri und Holsteiner Boskop-Sorbet

Fliederbeersüppchen

Alle Zutaten außer der Stärke in einen Topf geben und für 30 Minuten simmern lassen. Die Stärke mit wenig kaltem Wasser verrühren, sodass keine Klümpchen entstehen. Die Stärke in das Süppchen einrühren und leicht zum Köcheln bringen. Die Suppe durch ein feines Sieb passieren.

Vanille-Grieß-Flammeri

In einem Topf die Milch, die Sahne, die Butter und den Zucker kurz aufkochen. Auf milde Hitze reduzieren und den Zitronenabrieb und Vanillemark unterrühren. Den Grieß langsam einrühren und unter Rühren 5 Minuten ganz leise köcheln.

Ein Backblech mit Butter einstreichen, den Grieß-Flammeri auf das Blech gießen und verteilen. Für mindestens 6 Stunden, am besten über Nacht, kalt stellen. Vor dem Servieren mit einer runden Form ausstechen, dünn mit Zucker bestreuen und mit dem Gasbrenner abflämmen, sodass der Zucker leicht karamellisiert.

Holsteiner Boskop-Sorbet

Die Äpfel schälen und entkernen, in einem Topf bei mittlerer Hitze weich dünsten und kalt werden lassen. Die Äpfel und die weiteren Zutaten in einem hohen Gefäß mit dem Mixstab ganz fein pürieren und in eine Eisform füllen. Über Nacht im Tiefkühler einfrieren.

Pro Portion in einen tiefen Teller einen Vanille-Grieß-Flammeri setzen und das kalte Süppchen vorsichtig seitlich angießen. Eine Portion von dem Boskop-Sorbet zum Süppchen geben.

Omas Winter-Süßspeise neu in Szene gesetzt

FÜR 4 PERSONEN

FLIEDERBEERSÜPPCHEN:
1 l Fliederbeersaft
500 ml Apfelsaft
100 ml Rotwein
100 g Zuckerrübensirup
200 g Rohrohrzucker
Saft von 1 Bio-Zitrone,
Abrieb von ½ Bio-Zitrone
3 Lorbeerblätter
1 Msp gemahlener Zimt
1 Prise Salz
20 g Stärke

VANILLE-GRIESS-FLAMMERI:
1 l Vollmilch
500 ml Sahne
125 g Butter
120 g Zucker
Abrieb von ½ Bio-Zitrone
Mark von 1 Vanilleschote
160 g Weichweizengrieß
1 Prise Salz

BOSKOP-SORBET:
600 g Boskop-Äpfel
100 g Glukosesirup
1 EL Ahornsirup
100 ml Orangensaft
Saft von ½ Zitrone
1 cl Amaretto
1 Msp. Vanillemark
1 große Prise
schwarzer Pfeffer

Glasierte Quittenfilets

•

mit frischem Baumkuchen

Quittenfilets

Die Quitten waschen und schälen. Das harte Kerngehäuse entfernen und die Quitten in Spalten schneiden (Achtel). Die Abschnitte und Kerngehäuse aufbewahren. Die Quittenstücke sofort in 100 Milliliter von dem Apfelsaft legen, damit Sie nicht braun werden.

In einem Topf alle Zutaten mit den Quittenabschnitten zum Kochen bringen und bei kleiner Hitze auf circa 300 Milliliter einreduzieren, bis sich eine schöne goldgelbe, sirupartige Konsistenz gebildet hat. Den Quittensud durch ein feines Sieb passieren und zusammen mit den Quittenspalten wieder in einen Topf geben. Bei milder Hitze 10–15 Minuten gar ziehen lassen.

Baumkuchen

Die Butter circa 2 Stunden vor dem Verarbeiten aus dem Kühlschrank nehmen. Den Backofen auf 220–250 °C vorheizen. Die Eier aufschlagen, Eigelb und Eiweiß trennen. Die Butter mit einem Handmixer schaumig aufschlagen. 120 Gramm von dem Zucker untermixen und die Eigelbe eins nach dem anderen untermischen, ebenso den Vanillezucker, den Zimt, den Zitronenabrieb und den Rum zugeben und alles gut durchmixen. Eiweiß mit dem restlichen Zucker zu Eischnee schlagen. Die Sahne steif schlagen und vorsichtig unter den Eischnee heben. Die Eigelbmasse nun vorsichtig unter die Eiweiß-Sahne-Mischung mischen. Das Mehl und die Stärke vermischen, über die Teigmasse sieben und vorsichtig vermengen.

Ein Backblech gut mit Butter einstreichen. Den Teig mit einem breiten Pinsel in einer hauchdünnen Schicht auf das Backblech streichen und im Ofen auf der mittleren Schiene kurz bräunen. Die nächste Lage aufstreichen und wieder im Ofen bräunen. Dieses etwa 40 bis 45 Mal wiederholen, bis der Teig aufgebraucht ist. Die Backzeit ist bei hoher Hitze kurz, damit der Baumkuchen schön saftig bleibt.

Der zeitaufwendige Baumkuchen lässt sich wunderbar vorbereiten und einfrieren!

FÜR 4 PERSONEN

FÜR DIE QUITTENFILETS:
1 kg reife Quitten
500 ml Apfelsaft
200 g brauner Rohrzucker
Abrieb und Saft von
    1 Bio-Zitrone
1 EL Aprikosenkonfitüre
1 Messerspitze
    Cayennepfeffer
1 Messerspitze Kurkuma
    (Gelbwurz)

FÜR DEN BAUM-
KUCHEN:
200 g Butter + etwas
    zum Einfetten
9 Bio-Eier (Größe M)
190 g Zucker
1 TL Vanillezucker
1 Messerspitze Zimt
Abrieb von 1 Zitrone
1 cl brauner Rum
90 g Sahne
100 g Mehl (Type 405)
100 g Stärke

Mandelkuchen

•

mit Passionsfrucht-Jus und Schmand-Mousse

Mandelkuchen

Den Backofen auf 185 °C Umluft vorheizen. Die Nussbutter und den Rum schaumig schlagen. Eiweiß mit dem Zucker und dem Honig zu Eischnee schlagen und unter die schaumige Nussbutter heben. Die Mandeln mit dem Mehl und dem Backpulver mischen, über den Eischnee sieben und vorsichtig unterheben. Im vorgeheizten Ofen für 8–12 Minuten auf dem Blech haselnussbraun backen.

Passionsfrucht-Jus

Das Fruchtfleisch mit den Kernen aus den Passionsfrüchten vorsichtig mit einem Teelöffel ausschaben. Das Fruchtfleisch und die Säfte zusammen mit dem Zucker und dem Vanillemark in einem Topf kurz aufkochen lassen und bei milder Hitze die Flüssigkeit um ein Viertel reduzieren. Die Stärke im noch kalten Weißwein verrühren und in den Passionsfrucht-Jus einrühren. Die kleinen schwarzen Kerne müssen in der Soße schweben. Die Soße jetzt durch ein feines Sieb passieren und die Kerne wieder in den Fruchtsaft zurückgeben. Den heißen Frucht-Jus in Twist-off-Gläsern heiß einwecken.

Tipp: Am besten schon zwei Tage vorher zubereiten, da das Aroma nach 48 Stunden im Weckglas viel intensiver ist.

Schmand-Mousse

Alle Zutaten in einem hohen Gefäß gut verrühren, in ein Sahne-Syphon (zum Beispiel iSi Gourmet Whip®) füllen und eine CO_2-Kapsel anschließen, gut durchschütteln und etwa 15 Minuten kalt stellen.

Den Passionsfrucht-Jus in Gläser füllen und mit der Schmand-Mousse garnieren, dazu den Mandelkuchen servieren.

Vollreife Maracuja, meine liebste Winterfrucht, mit spanischem Mandelkuchen …

FÜR 4 PERSONEN

MANDELKUCHEN:
210 g Nussbutter
    (Rezept Seite 232)
1 EL dunkler Rum
7 Eiweiß
210 g Zucker
30 g Honig
100 g fein
    gemahlene Mandeln
70 g Mehl Type 405
1 TL Backpulver

PASSIONSFRUCHT-JUS:
100 g frisch ausgelöste
    Passionsfrucht
    (6 Stück)
50 ml Mangosaft
50 ml Orangensaft
50 ml Apfelsaft
100 g Zucker
1 Messerspitze
    Vanillemark

SCHMAND-MOUSSE:
100 g Magerquark
100 g Schmand
100 ml Sahne
250 ml Läuterzucker
3 EL Zitronensaft

ERST FÜTTERUNG
SCHAFFT VERTRAUEN

FRÜHLING

MÄRZ – JUNI

Im Frühling erwacht das
Gut Wulksfelde hier im schönen
Alstertal aus dem Winterschlaf.
Es berührt mich jedes Jahr wieder
neu, wie viel Kraft die Natur
in sich trägt, um alles Leben neu
zu erwecken, und was Sie
Kostbares für uns bereithält. Jetzt
ist die Zeit, um aufzutanken in
der Natur mit ihren tiefen Wurzeln
und ihrem Urvertrauen in das neue
Leben. Dieser Reichtum und
diese Vielfalt faszinieren mich
jedes Jahr aufs Neue.

Frankfurter grüne Soße

●

»klassisch«, wie Goethe sie liebte

Grüne Soße

Die Kräuter gründlich waschen und trocknen. (Hierfür eignet sich auch eine Salatschleuder.) Die Kräuterblätter von den groben Stielen zupfen und einige Kräuterspitzen für die Dekoration beiseitelegen. Die Kräuter fein schneiden.

Die Kräuter zusammen mit der sauren Sahne, den hart gekochten Eiern und dem Zitronensaft in einen Mixer geben und sehr fein pürieren, bis die Soße schön grün ist.

Mit Salz, Pfeffer und Zucker abschmecken.

FÜR 4 PERSONEN

FÜR DIE FRANKFURTER
GRÜNE SOSSE:
1 großes Bund Kräuter
   für Frankfurter grüne
   Soße, ca. 500 g
   (Borretsch, Pimpinelle,
   Petersilie, Kerbel,
   Schnittlauch, Sauer-
   ampfer und Kresse)
400 g saure Sahne
2 hart gekochte Eier
Saft von ½ Zitrone
Meersalz
frisch gemahlener
   schwarzer Pfeffer
Zucker

Mein Frühlingsgericht aus dem Elternhaus

Jakobsmuscheln

•

mit Frankfurter grüner Soße

Jakobsmuscheln

Die Jakobsmuscheln öffnen, mit einem Messer vorsichtig das Muschelfleisch und den orangefarbenen Rogen (Corail) aus der Schale lösen, von den übrigen Innereien befreien und unter kaltem Wasser abspülen. Gut mit Küchenkrepp abtrocknen.

Die Radieschen waschen, gut abtrocknen, putzen und in Viertel schneiden.

Inzwischen eine Pfanne sehr heiß werden lassen, Olivenöl und Butter hineingeben und die Butter in dem Gemisch aufschäumen lassen. Die Jakobsmuscheln und den Corail von jeder Seite etwa 1 Minute kräftig anbraten, aus der Pfanne nehmen, mit Salz und Pfeffer würzen und warm stellen. Anschließend in derselben Pfanne die Radieschen kurz durchschwenken und mit dem Weißwein ablöschen. Mit Salz, Pfeffer und Zucker abschmecken.

Die Jakobsmuscheln mit den Radieschen und der grünen Soße auf vorgewärmten Tellern anrichten und mit den Kräuterspitzen garnieren.

Goethes Leibspeise mit
Gutsküchen-Rafinesse

FÜR DIE JAKOBS-
MUSCHELN:
4 frische Jakobs-
    muscheln in der Schale
1 Bund Radieschen
2 EL Olivenöl
    extra vergine
50 g Butter
Salz
frisch gemahlener
    schwarzer Pfeffer
75 ml trockener
    Weißwein (z. B.
    Riesling)
Zucker

Erbsen-Cappuccino

•

mit Schwertmuscheln

Erbsen-Cappuccino

Zwiebeln und Knoblauch schälen, aus dem Staudensellerie die Fäden entfernen. Alles in kleine Stücke schneiden. Die Hälfte der Butter zusammen mit dem Rapsöl in einen Topf geben. Bei mittlerer Hitze Zwiebeln, Knoblauch und Sellerie glasig anschwitzen, ohne das Gemüse zu bräunen. Mit dem Weißwein ablöschen und mit dem Gemüsefond auffüllen. Kräftig mit Salz, Pfeffer und Muskatnuss würzen. Das Gemüse einige Minuten bei milder Hitze weich garen lassen.

Dann Milch (100 Milliliter zurückbehalten für den Milchschaum), Sahne, die restliche Butter und die Erbsen hinzugeben, kurz aufkochen und im Mixer fein pürieren. Noch einmal mit Salz, Pfeffer und dem Rohrzucker abschmecken.

Muscheln

Die Muscheln vor der Zubereitung 15 Minuten in kaltem Wasser spülen. Die Zwiebel in kleine Würfel schneiden, in einem Topf das Olivenöl erhitzen und die Zwiebel darin glasig werden lassen. Mit einem guten Schuss Weißwein ablöschen und die Muscheln dazugeben. Den Topf mit einem möglichst schweren Deckel verschließen. Die Muscheln brauchen kein zusätzliches Salz, da sie das Salz aus dem Meer bereits mitbringen. Die Muscheln circa 3 Minuten dünsten, bis alle geöffnet sind, und dann das Muschelfleisch herauslösen.

In jedes Cappuccino-Glas heiße Suppe füllen. Die restliche Milch erwärmen und aufschäumen, davon etwas auf jeden Erbsen-Cappuccino geben. Dazu die Schwertmuscheln garnieren.

Tipp: Die Schwertmuscheln stammen aus dem heimischen Meer oder dem Meer um Dänemark. Die Muscheln werden im Watt gesammelt und sind so dem Gezeitenstrom mit stets frischem Meerwasser ausgesetzt. Sie werden von Kennern wegen ihres feinnussigen aromatischen Geschmacks besonders geschätzt.

Grüne Zuckererbsen, frische Kräuter und nussige Meeresfrüchte

---

FÜR 6 PERSONEN

FÜR DEN ERBSEN-CAPPUCCINO:
3 kleine Zwiebeln
1 kleine Knoblauchzehe
½ Stange Staudensellerie
50 g Butter
20 ml Rapsöl
30 ml trockener
    Weißwein
1 l Gemüsefond
Meersalz
frisch gemahlener
    schwarzer Pfeffer
Muskatnuss
350 ml frische Vollmilch
100 ml Sahne
250 g feine grüne
    Erbsen
Rohrrohrzucker (z. B.
    Muscovado)

FÜR DIE MUSCHELN:
1 kg frische
    Schwertmuscheln
1 Zwiebel
5 TL Olivenöl
    extra vergine
1 guter Schuss
    trockener Weißwein

Glasiertes Saiblingsfilet

•

mit Radieschen, Hüttenkäse und Bärlauch-Stampf

Saibling

In einer Pfanne die Butter bei mittlerer Hitze aufschäumen, den Weißwein, Apfelsaft, Meersalz und etwas Wasser hinzugeben. Das Saiblingsfilet mit Zucker und Pfeffer bestreuen und bei mittlerer Hitze circa 3–4 Minuten von jeder Seite dünsten, sodass das Filet noch ganz leicht glasig in der Mitte bleibt. Die Haut erst nach dem Dünsten vorsichtig abziehen, so bleibt das Filet schön geschützt und saftig. Wenn die Saiblingsfilets auf den Punkt gegart sind, den restlichen Butterfond durch ein feines Sieb passieren und in einem kleinen Topf bereitstellen.

Den Meer- oder See-Saibling kalt abwaschen und gut trocken tupfen. Die Gräten mit einer Pinzette entfernen und den Fisch in 4 Portionen teilen.

Saiblingskaviar

Den Hüttenkäse in einem feinen Sieb kurz unter kaltem Wasser abspülen und gut abtropfen lassen. Den Kaviar vorsichtig unter den Hüttenkäse heben und mit Pfeffer abschmecken.

Radieschengemüse

Die Radieschen putzen und waschen, anschließend in kleine Würfel schneiden und mit Salz und Zucker marinieren.

Bärlauch-Kartoffel-Stampf

Die Kartoffeln schälen und in gut gesalzenem Wasser kochen. Sobald die Kartoffeln gar und mürbe sind, abgießen und für 4 Minuten ausdampfen lassen. Nun das Olivenöl und die frische Butter mit je 1 Prise Meersalz und Pfeffer unter den heißen Stampf heben. Den Bärlauch fein schneiden und mit einer Gabel in den Kartoffelstampf drücken.

Saibling, mein Superstar unserer Seen, Flüsse und Meermündungen

---

FÜR 6 PERSONEN

FÜR DAS SAIBLINGSFILET:
2 EL frische Butter
10 ml Weißwein
5 EL Apfelsaft
Meersalz
500 g Saiblingfilet mit Haut
Rohrzucker
frisch gemahlener
    schwarzer Pfeffer

FÜR DEN KAVIAR:
100 g körniger Hüttenkäse
100 g Saiblingkaviar
frisch gemahlener
    schwarzer Pfeffer

FÜR DIE RADIESCHEN:
1 Bund Radieschen
Salz
Zucker

FÜR DEN STAMPF:
800 g mehligkochende
    Kartoffeln
Meersalz
20 ml frisches Olivenöl
100 g Butter
frisch gemahlener
    schwarzer Pfeffer
1 Bund Bärlauch

Gebeiztes Eismeer-Forellenfilet

●

mit Wildkräutersalat und saurer Sahne

Eismeer-Forelle

Die Forelle säubern und mit 1 Teelöffel Meersalz und 1 Esslöffel Rohrohrzucker bestreuen. In Klarsichtfolie einschlagen und 1 Stunde im Kühlschrank ziehen lassen. Danach aus der Folie nehmen und die entstandene Flüssigkeit mit Küchenkrepp abtupfen. In feine Tranchen schneiden.

Dressing

Die saure Sahne, das Zitronen- sowie das Petersilienöl mit einem Schneebesen gut vermengen und mit Salz, Pfeffer und Zucker abschmecken.

Die Wildkräuter auf einem Teller anrichten, etwas Dressing dazugeben und zusammen mit den Forellenscheiben servieren.

Tipp: Die Eismeer-Forelle lebt als einzige Forelle im kalten Salzwasser der norwegischen Fjorde. In die Fjorde fließt das klare und eisige Schmelzwasser der umliegenden Gletscher. So wächst dieser nordische und sehr schmackhafte Fisch langsam unter besten Bedingungen auf. Die Eismeer-Forelle hat einen hohen Gehalt an wertvollen Omega-3-Fettsäuren.

Die Fjordforelle lässt jeden Lachs links liegen

FÜR 4 PERSONEN

FÜR DIE FORELLE:
450 g Eismeer-Forellenfilet, entgrätet und ohne Haut
1 TL Meersalz
1 EL Rohrohrzucker

FÜR DAS DRESSING:
400 g stichfeste saure Sahne
2 EL Zitronenöl
grünes Petersilienöl (Rezept Seite 225) oder natives Rapsöl
Meersalz
frisch gemahlener schwarzer Pfeffer
Zucker

FÜR DEN WILDKRÄUTERSALAT:
5–7 Bund saisonale Wildkräuter, gewaschen und gezupft (Giersch, Bronzefenchel, Brunnenkresse, Pimpinelle, Schnitt-Senfkohlsalat, Wiesenkerbel)

Bunter Spargel

●

»family style« mit Sauce hollandaise und frischem Weißbrot

Sauce Hollandaise

Die Schalotte schälen und grob hacken. In einem kleinen Topf alle Zutaten zusammen aufkochen und auf 100 Milliliter langsam einreduzieren lassen.

Alle Zutaten außer der Butter auf dem Wasserbad in einem Schlagkessel oder im Thermomix® in etwa 8 Minuten außer der Butter bei 60–70 °C schaumig schlagen. Anschließend in die heiß aufgeschlagene Hollandaise-Basis die gewürfelte Butter nach und nach mit einem Schneebesen unterrühren.

Zum Schluss nochmals mit Meersalz und Zitronensaft abschmecken und lauwarm servieren.

Spargel, gesund & pur mit viel Hollandaise zum Ditschen!

FÜR 4 PERSONEN

REDUKTION FÜR AUFGESCHLAGENE BUTTERSOSSEN:
1 Schalotte
200 ml trockener Weißwein
2 EL Zitronensaft
3 Lorbeerblätter
1 TL schwarze Pfefferkörner
½ TL Meersalz
½ TL Rohrzucker

FÜR DIE HOLLANDAISE:
100 ml Buttersoßen- reduktion
1 Ei
1 Eigelb
1 Prise Cayennepfeffer
3 Prisen Meersalz
100 g frische Butter
1 TL Zitronensaft

Spargelfondbasis

●

... ein Muss für alle warmen Spargelgerichte

Die Zwiebel schälen, zusammen mit dem Staudensellerie fein hacken und in einem Topf mit der Butter anschwitzen, nicht braun werden lassen. Mit Wasser ablöschen und mit allen Zutaten für etwa 45 Minuten bei milder Hitze und ohne Deckel simmern lassen. Den Spargelfond durch ein feines Sieb passieren.

Tipp: Wenn Sie Spargel (Kaliber 14/16) ohne Geschmacksverlust genießen wollen, garen Sie ihn etwa 6 Minuten in gesalzenem Sud, bis der Spargel noch schön al dente ist. Dann bei milder Hitze in einer Pfanne mit frischer Butter 2–3 Minuten glasieren.

Hier konzentriert sich der liebliche Spargelgeschmack

FÜR 4 PERSONEN

4 Zwiebeln
1 Stange Staudensellerie
1 EL Butter
1 ½ l Wasser
800 g weiße Spargel-
    schalen und -abschnitte
2 EL Zitronensaft
1 Lorbeerblatt
8 schwarze Pfefferkörner
100 g Zucker
1 EL Meersalz

Bunter Spargelsalat »royal«

●

Spargel mit Biss und Schmelz –
so schmeckt Frühling

Spargel »royal«

Den Spargel schälen, die Enden abschneiden und in kräftig mit Salz gewürztem Wasser sehr weich garen. Von dem Spargelfond 200 Milliliter zusammen mit allen anderen Zutaten, außer dem Eigelb, in einen Standmixer geben und sehr fein pürieren. Danach die Eigelbe untermixen. Die Spargel »royal« in ein Jenaer Glas geben und im simmernden Wasserbad für etwa 10 Minuten pochieren. Die gestockte Spargel-»royal«-Masse nach dem Pochieren 5 Minuten ruhen lassen.

Bunter Spargelsalat

Den weißen Spargel schälen, die Enden abschneiden und die Stangen in Viertel schneiden. Grünen und violetten Spargel gut unter kaltem Wasser waschen, vom unteren Ende die Schnittfläche abschneiden und in gleichmäßige Stücke schräg schneiden. Den Spargel mit Meersalz und Zucker würzen und für etwa 10 Minuten liegen lassen, bis der Spargel Saft gezogen hat.

Ganz kurz vor dem Anrichten mit etwas Zitronensaft abrunden, da sonst das Chlorophyll im Spargel von Säure und Sauerstoff schnell grau wird. Die Mandelkerne mit ganz wenig neutralem Öl und 1 Prise Meersalz bei 170° C 4–5 Min. leicht bräunen.

Den bunten Spargelsalat mit etwas Wasserkresse und Bronzefenchel sowie den gerösteten Mandelkernen auf dem lauwarmen Spargel »royal« im Jenaer Glas anrichten.

Einfacher und feiner Genuss!

FÜR 4 PERSONEN

FÜR DEN SPARGEL ROYAL:
100 g weißer Spargel
Meersalz
200 ml kräftiger,
  heißer Spargelfond
50 g kalte Butter
100 g Schmand
etwas Zitronenabrieb
frisch gemahlener
  schwarzer Pfeffer
frisch geriebene
  Muskatnuss
6 Eigelb

FÜR DEN BUNTEN
SPARGELSALAT:
250 g weißer Spargel
  (z. B. Huchels Alpha)
200 g grüner Spargel
200 g violetter Spargel
Meersalz
Rohrzucker
2 EL Zitronensaft
50 g geschälte
  ganze Mandeln
1 TL Rapsöl
1 Bund Wasserkresse
2 Zweige Bronzefenchel

Landhaus-Frikassee

●

von der Holsteiner Poularde mit Frühgemüse, Risi-Bisi und jungem Giersch

Poularde im Geflügelfond

Die Poularde kurz unter fließend kaltem Wasser abspülen und gründlich von innen und außen mit Küchenkrepp trocknen.

Die Zwiebeln schälen und ebenso wie den Sellerie in walnussgroße Würfel schneiden. Alle Zutaten in einen großen Topf geben und mit dem kalten Wasser sprudelnd kräftig zum Kochen bringen, um die Trüb- und Eiweißstoffe an die Oberfläche zu bringen, die Trübstoffe mit einer Schaumkelle abschöpfen. Anschließend den Fond für etwa 45 Minuten bei leichter bis mittlerer Hitze simmern lassen und von Zeit zu Zeit die Trübstoffe abschöpfen. Wenn die Hühnerkeulen ihre Spannung verloren haben und leicht abstehen, ist die Poularde gar. Die Poularde aus dem Fond nehmen und unter einem feuchten Tuch 10 Minuten ruhen lassen. Den Fond noch weitere 10 Minuten simmern lassen und anschließend durch ein Passiertuch in einem feinen Sieb passieren, das überflüssige Fett abschöpfen.

Frikassee-Rahmsoße

Die Zwiebeln schälen und ebenso wie den Sellerie fein würfeln. Die Gemüsewürfel in einem Topf mit der Butter leicht bräunlich anschwitzen. Den Ansatz mit dem Weißwein ablöschen und 5 Minuten leicht köcheln lassen. Wermut, Kapernfond und die Gewürze dazugeben, weitere 5 Minuten köcheln lassen, um den Alkohol und die flüchtige Säure zu reduzieren. Den Geflügelfond hinzugeben und das Ganze bei mittlerer Hitze auf etwa 1 Liter reduzieren. Anschließend den Rahmsoßenansatz mit dem Pürierstab fein mixen und währenddessen die Sahne, die saure Sahne, die restliche Butter und den Senf mit untermixen, bis eine schöne cremige Konsistenz entsteht. Mit den Gewürzen, Meersalz und etwas Wermut noch einmal abschmecken.

FÜR 4 PERSONEN

FÜR DEN GEFLÜGEL-
FOND:
1 Bioland-Fleischhuhn
 (Poularde) von ca.
 1,5 kg Gewicht
6 kleine Zwiebeln
4 Stangen
 Staudensellerie
3 ½ l Wasser
½ Knolle Fenchel
¼ Knoblauchknolle
1 kleines Bund Petersilie
3 Lorbeerblätter
1 EL Meersalz
10 schwarze
 Pfefferkörner

nächste Seite ⟶

Das Fleisch von der abgekühlten Poularde zupfen, von Haut und Knochen befreien. Das Fleisch vorsichtig in der Rahmsoße erwärmen und das Frikassee heiß servieren.

Risi-Bisi

Giersch waschen, gut trocken tupfen, die Blätter von den Stielen zupfen und fein hacken. Die Gartenerbsen in kochendem, leicht gesalzenem Wasser 2 Minuten blanchieren. Den Reis nach Packungsangabe ebenfalls in leicht gesalzenem Wasser garen. Reis und Gartenerbsen mischen und mit der Butter verfeinern und den gehackten Giersch drübergeben.

Tipp: Immer etwas mehr Geflügelfond herstellen, in verschließbaren Flaschen im Kühlschrank lagern oder in der Eiswürfelform portionsgerecht einfrieren. Der Fond ist köstlich und sehr vielseitig in der Küche einsetzbar, deshalb habe ich immer einen guten Vorrat davon eingelagert.

Omas Klassiker lebt von liebevoller Aufzucht

Rebeccas Weinempfehlung: 2016 Riesling Quarzit, Weingut Peter Jakob Kühn – Rheingau, Deutschland

Die subtile Säure vom Frikassee wird untermalt von gekonnter Würze. Der Gesamteindruck am Gaumen verlangt die kühle mineralische Zitrusfrucht des Rieslings Quarzit. Der Wein hat Eleganz und Rasse mit unleugbarer Persönlichkeit. Er stellt sich in den Dienst des Essens in vollkommener Vereinigung.

Rhakhshans Weinempfehlung: 2017 Riesling Schiefer, Edition Zhouleh – Weingut Kallfelz – Zell-Merl, Mosel, Deutschland

Pastellgelb im Glas duftet der Wein nach Lindenblüten und gelber Steinfrucht sowie einem Hauch von Kräutern und Lorbeer. Am Gaumen ist er cremig und zugleich vibrierend. Der Wein mit seiner lebhaften Struktur und feinen Fruchtigkeit unterstreicht das Essen mit leiser Kühle und leichtfüßigem Ausdruck.

FÜR DIE FRIKASSEE-RAHMSOSSE:

5 Zwiebeln
1 Stange Staudensellerie
Butter
500 ml trockener Weißwein
100 ml trockener Wermut
60 g Kapern mit ihrem Fond (ca. 80 ml)
3 Prisen frisch geriebene Muskatnuss
2 Prisen Zitronenpfeffer
1 TL Meersalz
2 ½ l Geflügelfond
200 ml Sahne
60 g saure Sahne (Schmand)
Senf

FÜR DAS RISI-BISI:

1 Bund frischer Giersch
250 g Zuckererbsen
Meersalz
400 g Reis
2 EL Butter

Lackiertes Osterzicklein

•

mit geröstetem Spargel, Taglilien und Vanille-Polenta

Zickleinkeule

Den Ofen auf 170 °C Ober- und Unterhitze vorheizen.

Zwiebeln, Knoblauch und Karotten schälen, zusammen mit allen anderen Gemüsen in grobe Würfel schneiden. Die Zickleinkeule gut mit Meersalz und Rohrzucker einreiben und für 15 Minuten ziehen lassen. Rapsöl in einen Schmortopf geben und die Keule darin bei kräftiger Hitze rundherum anbraten.

Die Keule aus dem Schmortopf nehmen und beiseitestellen. Die Gemüsewürfel im selben Topf schön bräunlich anrösten, mit der Gemüsebrühe ablöschen, Lorbeerblätter und den Pfeffer hinzugeben, die Zickleinkeule wieder in den Bratenansatz legen und bei geschlossenem Deckel etwa 1 ½ Stunden bei milder Hitze köcheln lassen.

Das Fleisch aus dem Schmortopf nehmen, in Alufolie eingeschlagen warm stellen und ruhen lassen. Den Bratensatz mit offenem Deckel 15 Minuten köcheln lassen, durch ein feines Sieb passieren und das Gemüse gut mit einer Suppenkelle ausdrücken.

Die Soße für weitere 30 Minuten reduzieren lassen und mit eiskalten Butterwürfeln und etwas Maisstärke binden.

Den Mittelknochen aus der Zickleinkeule vorsichtig herauslösen. Das Fleisch zurück in den Schmortopf mit der Soße legen und die Keule im 170 °C heißen Ofen mit der Soße lackieren.

Vor dem Servieren die Kräuter der Provence fein hacken und zusammen mit dem Olivenöl über das lackierte Zicklein geben.

nächste Seite ⟶

FÜR 6 PERSONEN

FÜR DAS OSTERZICKLEIN:
3 Zwiebeln
½ Knoblauchknolle
2 Karotten
1 Fenchelknolle
2 Stangen Staudensellerie
1 Bio-Zickleinkeule
    von etwa 1,7 kg
    Gewicht, ersatzweise
    Bio-Lammkeule
1 EL Meersalz
1 EL Rohrzucker
6 EL Rapsöl
1 l Gemüsebrühe
3 frische Lorbeerblätter
1 kräftige Prise frisch
    gemahlener schwarzer
    Pfeffer
Butter
etwas Maisstärke
1 Bund frische Kräuter
    der Provence
6 EL Olivenöl
    extra vergine

Polenta

Den Ofen auf 150 °C Ober- und Unterhitze vorheizen.

Zwiebeln und Knoblauch schälen und zusammen mit dem Staudensellerie fein würfeln. Die Gemüsewürfel in etwas neutralem Öl und der Nussbutter anschwitzen, mit Weißwein und Sherry ablöschen und kurz köcheln lassen. Geflügelfond und Milch angießen und alle Gewürze, Mandeln und Aromaten hinzugeben. Noch einmal kurz aufkochen, auf milde Hitze reduzieren und die Polenta einrühren. Die Polenta abgedeckt im vorgeheizten Ofen für 25 Minuten quellen lassen.

Spargel

Den Spargel schälen, die Taglilienstängel kalt waschen und trocken tupfen. Spargel und Taglilienstängel mit etwas Öl einer Grillpfanne leicht bräunlich rösten. Beim Servieren mit ein wenig Fleur de Sel bestreuen.

Zartes Zicklein aus dem Ofen – ein
Frühlingsgedicht zu Ostern!

FÜR DIE VANILLE-
POLENTA:
3 Gemüsezwiebeln
¼ Knolle junger
 Knoblauch
3 Stangen
 Staudensellerie
100 g Nussbutter
 (Rezept Seite 232)
200 ml trockener
 Weißwein
40 ml trockener Sherry
250 ml Geflügelfond
250 ml Vollmilch
½ TL Mark von der
 Bourbonvanille
je 2 große Prisen
 Cayennepfeffer und
 frisch geriebene Mus-
 katnuss
Meersalz
2 EL Zitronensaft
20 ml Mandelöl
250 g Polenta
4 EL gehackte Mandeln

FÜR DEN SPARGEL:
600 g weißer Spargel
250 g frisch gepflückte
 Taglilien oder Stielmus
 (Rübstiel)
2 EL Rapsöl
1 TL Fleur de Sel

Hof-Ferkel-Kotelett

●

mit Frühgemüse und Bärlauch-Gersten-Risotto

Bärlauch-Gersten-Risotto

Zwiebeln und Knoblauch schälen, in feine Würfel schneiden und in Olivenöl glasig anschwitzen. Graupen hinzufügen und einige Minuten mit anschwitzen, dabei nicht braun werden lassen.

Mit dem Weißwein und dem Saft ablöschen, 4–5 Prisen Pfeffer und die Lorbeerblätter hinzugeben und die Flüssigkeit bei milder Hitze fast ganz verkochen lassen.

Die warme Gemüsebrühe in kleinen Portionen nach und nach angießen und unter ständigem Rühren immer fast ganz verkochen lassen.

Die Hälfte vom Bärlauch zusammen in 50 Milliliter Wasser mit dem Mixstab fein pürieren, die andere Hälfte fein schneiden. Wenn die Graupen noch schön bissfest gegart sind, den Parmesan, die Hafersahne und den Bärlauch hinzufügen und gut verrühren. Mit Meersalz abschmecken.

Wer es gerne etwas herzhafter mag, kann noch angebratenen geräucherten Speck dazugeben.

FÜR 4 PERSONEN

FÜR DAS BÄRLAUCH-
GERSTEN-RISOTTO:
2 kleine Zwiebeln
1 Knoblauchzehe
5 EL Olivenöl
    extra vergine
150 g Gersten-
    Perlgraupen
150 ml trockener
    Weißwein
100 ml Apfelsaft
frisch gemahlener
    schwarzer Pfeffer
2 Lorbeerblätter
1½ l Gemüsebrühe
100 g Bärlauch
80 g frisch geriebener
    Parmesankäse
100 ml Hafersahne
Meersalz
optional: geräucherter
    Speck

nächste Seite ⟶

Hof-Ferkel-Koteletts

Den Ofen auf 120 °C Ober- und Unterhitze vorheizen.

In einer Pfanne etwas Öl auf mittlere bis starke Hitze bringen und die Koteletts von jeder Seite schön goldbraun anbraten. Die Koteletts leicht mit Meersalz und Pfeffer würzen und für etwa 8 Minuten im Ofen fertig garen, bis sie noch leicht rosa sind. Die Koteletts aus dem Ofen nehmen und in Alufolie 5–10 Minuten ruhen lassen. Danach in Scheiben aufschneiden und etwas von dem Braten-Jus auf jeden Teller geben.

Buntes Frühgemüse

Alle Gemüse waschen beziehungsweise mit der Gemüsebürste gut reinigen. In grobe Stücke schräg anschneiden, sodass ein dekoratives Schnittbild entsteht. Gemüse mit 3 Prisen Zucker und 2 Prisen Salz marinieren und in einer Pfanne mit der Butter bei mittlerer Hitze sautieren. Nach 2–3 Minuten mit dem Gemüsefond ablöschen und 2 weitere Minuten glasieren. Das Gemüse sollte noch einen schönen knackigen Biss haben.

Ein würziges Landhausessen auf Gutsherren-Niveau

FÜR DIE HOF-FERKEL-KOTELETTS:
3 EL Rapsöl
3–4 Doppelkoteletts (280–350 g Rippenschnitt) vom gereiften Bio-Jungschwein
Meersalz
frisch gemahlener schwarzer Pfeffer

FÜR DAS BUNTE FRÜHGEMÜSE:
200 g Zuckerschoten
1 Bund junge Möhren
1 Bund Radieschen
1 Bund grüner Spargel
1 Chioggia-Ringelbete
1 Gelbe Bete
1 Kohlrabi
3 Prisen Zucker
2 Prisen Meersalz
2 EL Butter
5 EL Gemüsefond

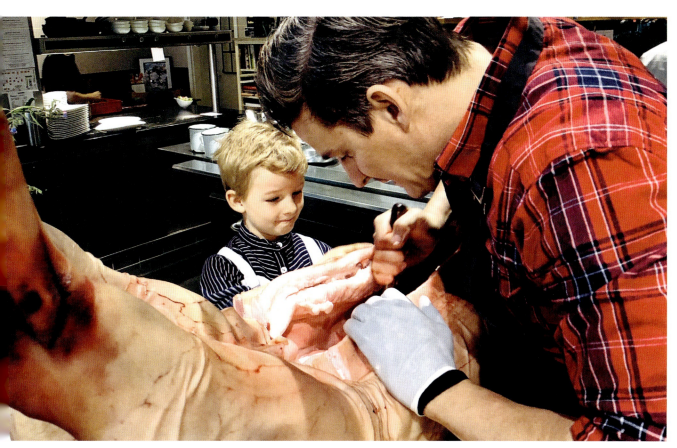

Spanische Mispeln

•

mit Schmandeis, Granola und Süßdolde

Mispeln

Mispeln abziehen, Kerne und Kernhäute vorsichtig entfernen und die Mispeln in 100 Milliliter von dem Orangensaft einlegen, damit sie nicht braun werden. Für die Glasur alle weiteren Zutaten in einen kleinen Topf geben und bei kleiner Hitze auf etwa 300 Milliliter einköcheln, bis die Glasur eine honigähnliche, goldgelbe Konsistenz hat. Mispeln überziehen und zum Anrichten bereitstellen.

Granola

Den Ofen auf 150 °C Ober- und Unterhitze vorheizen. Alle Zutaten für die Granola in einer Schüssel vermengen. Ein Backblech mit Backpapier auslegen, die Mischung darauf locker verteilen und im vorgeheizten Ofen etwa 25 Minuten backen. Die fertige Granola vom Backblech auf einen Teller geben und abkühlen lassen.

Schmandeis

Am Vortag vorbereiten. Alle Zutaten in einer Schüssel gut verrühren und im Kühlschrank abgedeckt bei 2 °C »reifen« lassen. Am nächsten Tag in einer Eismaschine zu einem Sorbet bereiten.

Die Mispeln auf einem Teller anrichten und etwas von der Granola darüberstreuen. Das Schmandeis mit zwei in kaltes Wasser getauchten Löffeln zu »Nocken« formen und dazu anrichten. Die Süßdolde als Garnitur dazugeben.

Tipp: Der Geschmack der Mispel erinnert an Aprikosen und Pfirsiche. Sie ist deshalb auch als »brasilianische Aprikose« bekannt. Häufig haben die Früchte braune Flecken, was vielleicht unschön aussieht, was aber ein Beweis ist für die Reife der Frucht. Die Flecken lassen sich mit der Haut abziehen.

Die ersten süßsauren Frühlingsboten aus dem mediterranen Raum

FÜR 4 PERSONEN

GLASIERTE MISPELN:
12 Stück span. Mispeln
300 ml Orangensaft
200 ml Apfelsaft
200 g Rohrzucker
1 EL Aprikosenkonfitüre
Abrieb und Saft
  von 1 Bio-Zitrone

FÜR DIE GRANOLA:
1 EL Quinoa-Pops
1 EL Hirse-Pops
1 EL Walnussbruch
1 EL Cru de Cacao
1 EL Leinsamen
1 EL Palmblütenzucker
2 EL Honig
2 Prisen Meersalz

FÜR DAS SCHMANDEIS:
250 ml Sahne
200 ml Hafersahne
200 ml Vollmilch
200 g saure Sahne
20 ml Holunderblütensirup
50 ml Glukosesirup
2 Prisen Meersalz
2–3 Zweige Süßdolde
  (Wildkraut mit Anisnote)
  oder Zitronenmelisse

Quarkplinsen

•

mit glasiertem Rhabarber und Ziegenfrischkäse

Plinsen

Den Magerquark in einem mit einem Küchentuch ausgelegten feinen Sieb 25 Minuten gut abtropfen lassen.

Die 2 ganzen Eier trennen und das Eiweiß mit 1 kleinen Prise Salz steif schlagen.

Die 5 Eigelb und alle weiteren Zutaten bis auf das Öl und die Butter in einer Rührschüssel gut vermengen, dann das steif geschlagene Eiweiß unterheben und noch einmal gut abschmecken.

Die Butter und das Rapsöl in eine beschichtete Pfanne geben und erhitzen.

Mit einer kleinen Kelle den Teig in die Pfanne geben und handtellergroße Plinsen goldbraun von beiden Seiten ausbacken.

Tipp: Besonders lecker ist es, wenn die Plinsen mit Quark und verschiedenen Gewürzen zubereitet werden. 1 Prise Backpulver macht das Ganze wunderbar locker. Zusammen mit dem süßlich-feinherben Rhabarber ein tolles Frühjahrsdessert.

FÜR 4 PERSONEN

FÜR DIE PLINSEN:
200 g Magerquark
2 Eier
1 große Prise Salz
3 Eigelb
2 EL Speisestärke
2 EL Mehl Type 405
100 g Puderzucker
1 Msp. Backpulver
1 Msp. frisch
   geriebene Muskatnuss
1 Prise schwarzer Pfeffer
Mark von ½ Vanille-
   schote
6 EL Rapsöl und
   1 EL Butter zum
   Ausbacken

nächste Seite ———→

Glasierter Rhabarber

Den Rhabarber gut waschen und die Fäden abziehen. In rautenförmige Stücke schneiden.

Das Wasser zum Kochen bringen und den Zucker hinzugeben. Das Ganze bei mittlerer Hitze etwas einkochen, bis eine leicht sirupähnliche Konsistenz entsteht. Jetzt das Vanillemark und den Rhabarber dazugeben und bei kleinster Hitze für 5 Minuten ziehen lassen. Ganz zum Schluss die Himbeeren hinzufügen und mit Salz abschmecken.

Die heißen Plinsen mit dem glasierten Rhabarber auf Tellern anrichten und mit in Stücke gebrochenem Ziegenfrischkäse garnieren.

Diese kleinen süßen Puffer kennen
keine natürlichen Feinde

FÜR DEN GLASIERTEN
RHABARBER:
250 g Rhabarber
150 ml Wasser
150 g Zucker
Mark von ½ Vanille-
    schote
50 g gefrorene
    Himbeeren
1 Prise Salz

GARNITUR:
100g frischer
    Ziegenkäse oder
    Ziegenquark

Weinlust

•

Im Gespräch mit Rakhshan Zhouleh und Rebecca Gfrörer

»Wein ist Poesie und meine große Leidenschaft.«

Die Karriere des gebürtigen Persers kann man als märchenhaft bezeichnen. Sein Weg führte den einstigen Fußballprofi von einer eher zufälligen Begegnung mit einem Bordeaux und der davon ausgehenden Faszination zur Elite der europäischen Spitzen-Sommeliers. Zu seinen Karrierestationen zählen dabei unter anderem die Ente von Lehel im Nassauer Hof in Wiesbaden, das Haerlin im Hotel Vier Jahreszeiten in Hamburg, das Margaux in Berlin und das Tantris in München. Außerdem arbeitete er auf renommierten Weingütern wie zum Beispiel bei Franz Keller im Kaiserstuhl. Er wurde mehrfach zum Sommelier des Jahres gewählt. Sein außergewöhnliches Fachwissen empfahl ihn als Dozenten, Autor und Juror zahlreicher nationaler und internationaler Wein-Summits. Dank seines sachverständigen Wissens und seiner Erfahrung in der Spitzengastronomie berät er heute Gastronomen und Hoteliers, moderiert rund um das Thema Wein und begleitet Reisen. Gastfreundschaft wurde Rakhshan Zhouleh in die Wiege gelegt. Die Leser dürfen sich freuen, sein Wissen und Gespür, vor allem aber seine Leidenschaft zum Wein in diesem Buch zumindest in Ansätzen kennenzulernen.

»Ich habe Rebecca und ihren Mann Matthias in jungen Jahren kennengelernt. Es war eine meiner schönsten Zeiten im Hamburger Vier Jahreszeiten und dem Berliner Margaux, wo der Grundstein einer anhaltenden Freundschaft mit Rebecca & Matthias gelegt wurde. Uns verbindet bis heute die Liebe zu Menschen, Speisen und Getränken. Die ständige Entwicklung in allen Bereichen der Gastronomie und die Vermittlung unserer Leidenschaft an andere bleibt unser größter Ansporn.

Ich habe in meiner 25-jährigen Tätigkeit als Sommelier viel Zeit damit verbracht, der Harmonie von Speisen und Weinen auf den Grund zu gehen. Das kulinarische Zusammenspiel hat mich immer begeistert und die Faszination der Übereinstimmung zwischen Wein und Speisen hat mich dazu gebracht, meiner Kreativität freien Lauf zu lassen. Ohne vorgefasste Meinungen versuche ich nach wie vor, Möglichkeiten zu finden, die Grundprodukte der Küche, Garverfahren und Macharten der Weinherstellung kennenzulernen und daraus neue Empfehlungen im Einklang zwischen Getränken und Gerichten zu kreieren.

Ich habe auch gelernt, historische, geografische und regionale Allianzen vor allem aus Respekt vor einer alten Tradition bestehen zu lassen. Ich versuche, Gewesenes zu bewahren und neue Wege der Harmonie zwischen Speisen und Wein zu finden. Hier haben Rebecca, Matthias und ich viele Synergien: Ich rieche die maritimen Düfte der servierten Speisen auf Porzellantellern. Farbenfroh leuchten verschiedene Fischarten. Es duftet nach zarter Seeluft, untermalt mit Algen, feinen Zitrusnoten und provenzalischen Kräutern. Ich führe das Glas zur Nase und inhaliere den Geruch von kandierten Holunder-Bergblüten, Weizenfeldern und Stachelbeeren. Die Balance zwischen den Elementen und Momenten führt zu höchstem Genuss in der Gutsküche und Matthias' Landhausküche.«

SOMMER

JUNI – SEPTEMBER

Lebenslust pur spürt man jetzt überall in der Natur – der Geruch von feuchtem Waldboden nach einem warmen Sommerregen, das grelle Leuchten eines Rapsfelds am Mittag, vollreife Früchte in jedem Korb, Salz auf den Lippen am Meer. All das harmoniert wundervoll mit den Sommergerichten aus meiner Gutsküche. Kommen Sie mit mir in die Sonne und lassen Sie die Seele baumeln …

Gazpacho Andaluz

•

spanischer Sommergenuss

Alle Zutaten im Mixer fein pürieren.

Für die Einlage das Gemüse und Obst fein würfeln, die Kräuter fein hacken, anschließend alles mit Salz und Zucker würzen und in Zitronenöl marinieren.

Die Gazpacho circa 1 Stunde gut kühlen und dann mit dem marinierten Gemüse im Glas servieren.

Die wohl gesündeste Erfrischung an heißen Tagen

FÜR 4 PERSONEN:
250 g (1 Dose)
   gehackte Tomaten
100 ml Möhrensaft
50 ml Rote-Bete-Saft
300 ml Tomatensaft
200 ml Orangensaft
200 ml Zitronensaft
50 ml Gurkeneinweckfond
1 rote Zwiebel
   (fein geschnitten)
¼ TL Piment d'Espelette
2 TL Meersalz
1 TL Kräutersalz
2 EL Zucker
100 ml Olivenöl
10 ml Wochestershire-Soße

EINLAGE:
1 Gurken
100 g Erdbeeren
1 Spitzpaprika
1 kleine rote Zwiebel
½ Fenchel
3 Zweige Basilikum
1 Zweig Koriander
3 Prisen Salz
2 Prisen Zucker
2 EL Zitronenöl

Gekühltes Salatsüppchen

●

mit knusprigem Ei und Rindersaftschinken

Salatsüppchen

Den Salat vorsichtig zerteilen und in stehendem kalten Wasser säubern. Mit der Salatschleuder trocknen und einige Blättchen vom Salatherzen für die Einlage aufbewahren. Die Salatblätter grob zerteilen mit dem Tiefkühlspinat und den anderen Zutaten im Standmixer fein pürieren, sodass eine feine hellgrüne Suppe entsteht. Gegebenenfalls noch etwas Gemüsebrühe und Apfelsaft hinzugeben, falls die Suppe noch nicht flüssig genug ist. Noch einmal mit Salz und Pfeffer gut abschmecken.

Tipp: Wenn eure Speisen wie in der Profiküche leuchten und grün und frisch sein sollen, dann achtet darauf, dass dieser sekundäre grüne Pflanzenstoff erhalten bleibt, wenn die grünen Zutaten gekühlt und ohne Wärme sowie Säuren verarbeitet werden und nur mit wenig UV-Licht in Berührung kommen. Beim Pürieren aller chlorophyllhaltigen Lebensmittel hilft eine kleine Menge tiefgekühlter Spinat, um das Grün gut gekühlt zu verarbeiten. Dabei möglichst schnell sein.

Gebackene Eier

4 Eier etwa 6 Minuten kochen, bis sie wachsweich sind, vorsichtig pellen.

1 Ei aufschlagen und in einen tiefen Teller geben, dort verquirlen. Auf einem weiteren Teller das Mehl mit dem Muskat, Meersalz und dem Pfeffer mischen. Die Brotbrösel ebenfalls auf einen Teller geben.

Die noch warmen Eier zuerst im Mehl, dann im verquirlten Ei und schließlich in den Brotbröseln panieren. Die Eier schön goldbraun frittieren und kurz auf Küchenkrepp geben, um das überschüssige Öl abtropfen zu lassen.

Jeweils 1 gebackenes Ei und 2 Scheiben Rindersaftschinken auf einen Teller geben. Die Salatsuppe in einem Glas auf dem Teller dazu servieren. Mit den Salatherz-Blättchen garnieren.

FÜR 4 PERSONEN

FÜR DAS SALAT-
SÜPPCHEN:
1 Kopfsalat
50 g Tiefkühlspinat
300 ml Gemüsebrühe
80 ml Apfelsaft
2 EL Ahornsirup
Saft von ½ Zitrone
Meersalz
frisch gemahlener
   schwarzer Pfeffer

FÜR DIE GEBACKENEN
EIER:
5 sehr frische Bio-Eier
   (Größe M)
4 EL Mehl
1 Messerspitze frisch
   geriebene Muskatnuss
Meersalz
frisch gemahlener
   schwarzer Pfeffer
4 EL frische Brotbrösel
Öl zum Frittieren
8 Scheiben
   Rindersaftschinken

Grün, frisch, würzig – SOMMER!

Ceviche vom Kabeljau

•

mit Gurken und Chili

FÜR 4 PERSONEN:

Wichtig: Für Ceviche immer fangfrisches Fischfilet (von Wolfsbarsch, Kabeljau oder Zander) nutzen. Hierbei unbedingt auf Top-Ware in Sushi-Qualität achten. Der Unterschied zu tiefgefrorenem Fisch ist extrem!

Fischfilet kalt abspülen und mit Küchenpapier trocken tupfen, eventuell noch vorhandene Gräten entfernen. Das Filet in feine Scheiben oder Würfel schneiden und auf einer Vorspeisenplatte anrichten.

Die Zitrone halbieren und auspressen. Den Saft über alle Portionen Fisch gleichmäßig träufeln. Salz, Pfeffer und Zucker über das Fischfilet streuen. Chilischote halbieren, nach Belieben entkernen, waschen und in dünne Ringe schneiden. Wer es sehr scharf mag, verzichtet auf das Entkernen und schneidet die Schote mitsamt Kernen in dünne Ringe.

Die Fischplatte mit Frischhaltefolie abdecken und mindestens 1 ½ Stunden im Kühlschrank marinieren lassen.

Lauchzwiebeln und Staudensellerie in feine Ringe oder Scheiben schneiden. Den Fisch aus dem Kühlschrank nehmen, nun bei Raumtemperatur noch 15–20 Minuten ziehen lassen – so bekommt dieser peruanische Klassiker sein volles Aroma. Feine Gurkenschlaufen schälen und leicht salzen, nach 10 Minuten abgetropft mit dem Ceviche auf dem Teller leger anrichten. Mit Olivenöl beträufeln.

Je nach Gusto gehört an diesem Gericht noch fein gezupfter Koriander oder Anisbasilikum.

Buen provecho!

Meine Lieblingsvorspeise aus der peruanischen
Küche – gerne auch etwas pikanter

350 g mariniertes
    Fischfilet ohne Haut
    (Wolfsbarsch, Kabeljau
    oder Zander)
1 Zitrone
3 Prisen Meersalz
1 Prise frisch gemahlener
    schwarzer Pfeffer
2 Prisen Zucker
1 große Chilischote
    (mittelscharf!)
3 Stangen junge
    Lauchzwiebeln
1 Stange Staudensellerie
2 kleine Gartengurken
8 EL Olivenöl, frisch,
    grün, extra virgine
3 Zweige Koriander oder
    Anisbasilikum

Pulpo-Grundrezept

●

frischer Pulpo duftet
nach Meeresbrise …

Zwiebeln schälen, vierteln, mit dem Wasser und dem Salz in einem großen Topf aufkochen. Den Pulpo hineingeben und wieder zum Kochen bringen. Mit einer Schaumkelle Eiweiß und Trübstoffe abschöpfen.

Nach 3 Minuten auf milde Hitze reduzieren und den Pulpo etwa 75 Minuten lang sanft garen.

Der Pulpo ist gar, wenn die Arme sich an der dicksten Stelle zwischen den Fingern eindrücken lassen. Aus dem Fond heben und unter kaltem Wasser abschrecken.

FÜR 4 PERSONEN:
2 rote Zwiebeln
3 l Wasser
2 EL Meersalz
1 frischer Pulpo (Krake)
    von ca. 1,5 kg Gewicht,
    vom Fischhändler küchen-
    fertig vorbereitet

… und auf keinen Fall
»fischig«!

Pulpo mit Wassermelone

•

außen kross, innen zart und saftig!

Pulpo

Den Pulpo in circa 4 Zentimeter große Stücke schneiden. Eine Pfanne mit Olivenöl stark erhitzen und den Pulpo darin rösten, bis er außen bräunlich kross und innen noch schön zart und saftig ist.

Nach dem Braten den Pulpo auf einem Papier Küchenkrepp etwas abtropfen lassen. Den Pulpo anschließend mit dem Meersalz und Piment d'Espelette würzen.

Das Fruchtfleisch aus der Wassermelone lösen und in gleichmäßige fingerdicke Stücke schneiden. Den Rucola von den groben Stielansätzen befreien, gründlich in kaltem Wasser waschen und in der Salatschleuder trocknen.

Algen-Vinaigrette

Die Misopaste, Arame, Gemüsefond und die Chilischote in einem hohen Gefäß mit dem Stabmixer fein zerkleinern. Die weiteren Zutaten gut miteinander verrühren und mit dem frisch gemixten Ansatz gut vermischen. Die Algen-Vinaigrette über Nacht im Kühlschrank abgedeckt ziehen lassen. Am nächsten Tag gegebenenfalls etwas glatt rühren.

Die Wassermelone, den Pulpo mit den Salatblättern sowie den Rucola auf einem Teller anrichten und mit der Algen-Vinaigrette beträufeln.

Die Vinaigrette am besten schon am Vortag vorbereiten

Sommer, Sonne, Wassermelone

FÜR 4 PERSONEN

FÜR DEN PULPO:
800 g gekochter Pulpo,
    (Rezept Seite 115)
5 EL Olivenöl zum Rösten
2 Prisen Meersalz
2 Prisen Piment d'Espelette
1 kleine Wassermelone
80 g Freiland-Rucola
60g Schnittsenfsalate
    (Mizuna, Agano oder
    Wasabina)

FÜR DIE
ALGEN-VINAIGRETTE :
35 g Misopaste
15 g Arame (fein
    geschnittene
    Trockenalgen)
250 ml Gemüsefond
1 Chilischote (mittelscharf)
500 ml Haus-Vinaigrette
    (Rezept Seite 227)
4 EL leichte Sojasoße
1 EL Zitronensaft
2 EL Macadamiaöl
1 TL Knoblauchpaste
1 EL Ingwerpaste
2 EL Ahornsirup
½ TL Zitronenpfeffer
½ TL Meersalz
50–100 ml Wasser

Kleverhof-Caprese

●

mit handgeschöpftem Büffelmozzarella

Die »wilden«, vollreifen Tomaten in ungleichmäßige Segmente schneiden. Anschließend mit Salz, Zucker, Pfeffer würzen und vorschmecken.

Die Büffelmozzarella-Stücke auspacken, abtropfen lassen und mit einem Küchentuch trocken tupfen.

Die Mozzarellakugeln vorsichtig aufbrechen und mit Salz und Pfeffer leicht würzen.

Alle Zutaten auf einem großen Teller locker anrichten, Tomaten- und Basilikumpesto-Tupfen zwischen die bunten Tomaten geben, nun alles mit frischem grünen Olivenöl beträufeln.

Die Blättchen des Buschbasilikums abzupfen, waschen und zwischen den Tomaten und dem Mozzarella platzieren. Mit Süßdolde oder Bronzefenchel garnieren.

Dazu empfehle ich gut geröstetes Ciabatta oder Bauernbrot.

FÜR 4 PERSONEN
850–1000 g bunte
   Tomaten
Salz
Rohrzucker
frisch gemahlener
   schwarzer Pfeffer
3–4 handgeschöpfte
   Büffelmozzarella
200 g Tomatenpesto
   (siehe Rezept Seite 130)
150 g Basilikumpesto
   (siehe Rezept Seite 231)
250 ml Olivenöl,
   frisch, grün unfiltriert und
   extra virgine
3 Zweige Buschbasilikum
2 Zweige Süßdolde
   oder Bronzefenchel

Hochsommer ohne diesen italienischen
Klassiker gibt es nicht!

Pulpo galizisch

•

mit Pimiento de Padrón und Drillingen vom Hof

Den Pulpo in circa 2 Zentimeter große Scheiben schneiden. Eine Pfanne mit Olivenöl stark erhitzen und den Pulpo darin rösten, bis er außen bräunlich kross und innen noch schön zart und saftig ist.

Während der Pulpo röstet, die Pimientos im Ganzen, die Spitzpaprika – halbiert und entkernt – sowie die gekochten Drillinge – halbiert – mitrösten.

Nach dem Braten den Pulpo, die Drillinge und die Pimientos sowie die Spitzpaprika auf Küchenkrepp etwas abtropfen lassen.

Den Pulpo anschließend mit dem Meersalz und Gewürzen abstauben und kräftig würzen.

Alle Zutaten heiß und knusprig auf einem Holzbrett verteilen und mit frischem, grünem Olivenöl beträufeln. Final noch mit etwas Paprikapulver bestäuben und eventuell noch mit einem Schnitz Zitrone zum Garnieren auf den Teller geben.

Sommer am Meer und der Duft von gerösteter Paprika!

FÜR 4 PERSONEN:
600 g gekochter Pulpo,
 (Rezept Seite 115)
100 ml einfaches Olivenöl
 zum Braten
200 g Pimiento de Padrón
150 g Ramiro/Spitzpaprika
350 g neue Kartoffeln
 »Drillingsgröße«, unge-
 schält und gekocht
3 Prisen Meersalz
1 EL Rosenpaprikapulver
2 Prisen Piment d'Espelette
2 Prisen frisch gemahlener
 schwarzer Pfeffer
80 ml Olivenöl
 extra vergine,
 bestenfalls frisch und
 unfiltriert
½ Zitrone

Bouillabaisse

●

nach Gutsküchen-Art

Die Edelfischkarkassen (beim Fischhändler vorbestellen) in Olivenöl gut anrösten.

Das Gemüse schälen beziehungsweise waschen und putzen, in grobe Würfel schneiden.

Alle Zutaten in einem großen Topf mit dem kalten Fischfond kurz aufkochen. Die Suppe etwa 2 ½ Stunden bei geöffnetem Deckel und milder Hitze leise simmern lassen.

Von Zeit zu Zeit den Schaum mit einer Schöpfkelle abheben. Die Bouillabaisse durch ein feines Sieb passieren und gut mit Meersalz abschmecken.

Für die Einlage das mediterrane Gemüse waschen, putzen und in feine, blättrige Scheiben schneiden. Zuerst das Gemüse zur heißen Suppe geben, dann die Meeresfrüchte und zuletzt das Edelfischfilet (z. B. Rotbarbe, Merlan, Loup de Mer). Die Gemüse und den Fisch bei minimalster Hitze etwa 4 Minuten eben gar werden lassen. Die Bouillabaisse sofort servieren.

Marseilles schönster Seemannseintopf
auf meine Art

FÜR 4 PERSONEN

FÜR DIE BOUILLABAISSE:
1 kg Edelfischkarkassen
Olivenöl zum Anbraten
2 Karotten
6 Zwiebeln
3 Fenchelknollen
3 Stangen Staudensellerie
500 g Tomaten
1 Knolle Knoblauch
200 ml trockener Weißwein
100 ml Orangensaft
1 Strauß Kräuter der
    Provence
1 TL Safranfäden
1 TL Piment
1 TL Fenchelsaat
1 TL Paprikapulver edelsüß
3,5 l Fischfond
Meersalz

FÜR DIE EINLAGE:
200 g mediterrane Gemüse:
    Fenchel, Karotte, rote
    Zwiebel, rote Spitzpa-
    prika, Kirschtomaten,
    Staudensellerie
100 g Pulpo, vorgegart
    (Rezept Seite 115)
100 g Sepia
100 g Bouchot-Muscheln
    ohne Schale, ersatzweise
    Venusmuscheln
6 frische Crevetten
200 g Edelfischfilet

rwegs an der Atlantikküste. Wir
n immer wissen, wo unsere Lebens-
l herkommen.

Bretonische Artischocken

•

klassisch aus dem Sud mit Sommerdips

Von den Artischocken den Stiel am Bodenansatz abbrechen. Die Zwiebeln schälen, die Knoblauchknolle halbieren, Fenchel und Zwiebeln in grobe Würfel schneiden.

In einem großen Topf alle Zutaten für den Sud aufsetzen und zum Kochen bringen. Die Artischocken für etwa 1 ¼ Stunden bei mittlerer Hitze und geschlossenem Deckel garen. Wenn die Blätter sich leicht abzupfen lassen, sind die Artischocken gar.

Während die Artischocken garen, die Vinaigrette zubereiten. Dafür alle Zutaten in einen Becher geben und gut mixen oder in einem verschließbaren Becher oder Glas schütteln.

Die fertig gegarten Artischocken aus dem Sud nehmen und mit der Lavendel-Vinaigrette beträufeln.

Tipp: Die Blätter lassen sich, in die Dips getaucht, gut aussaugen. Nach den Blättern kommen die Artischockenböden. Das Stroh entfernen und die Artischockenböden mit Messer und Gabel essen. Die Artischocken nicht im Aluminium- oder Kupfertopf kochen, sie werden sonst schnell blau beziehungsweise braun und unansehnlich.

Die Krönung des Sommergartens in ihrer traditionellen Form braucht keine Zitrone extra

nächste Seite ⟶

FÜR 4 PERSONEN

FÜR DEN SUD:
4–6 große Artischocken
    (französische weiße)
2 große Zwiebeln
1 Knoblauchknolle
1 Fenchelknolle
½ Zitrone
je 3 Zweige Rosmarin,
    Thymian, Bohnenkraut,
    grob gezupft
4 l Wasser
500 ml trockener Weißwein
150 g Zucker
150 g Meersalz

FÜR DIE LAVENDEL-VINAIGRETTE:
250 ml Haus-Vinaigrette
    (Rezept Seite 227)
½ TL fein geschnittener
    Lavendel
10 ml Zitronenöl

3 provenzalische Dips

1. Sauerrahm mit Olivenöl

Den Schnittlauch in ganz feine Röllchen schneiden. Die saure Sahne mit dem Olivenöl, dem Meersalz und dem Schnittlauch glatt rühren.

2. Oliventapenade

Die Zwiebeln schälen, fein hacken und mit 2 Esslöffeln vom Olivenöl in der Pfanne anschwitzen, dabei nur ganz leicht bräunen. Knoblauch-Confit und Sardellen kurz mit anschwitzen und mit dem Apfelsaft ablöschen. Thymianblättchen ganz fein hacken und mit allen Zutaten in einem Mixer pürieren, sodass eine fein-stückige, gebundene Paste entsteht. In Gläser abfüllen und kühl aufbewahren.

3. Tomatenpesto

Die getrockneten Tomaten in einem Standmixer mit den stückigen Tomaten fein mixen, mit Salz und Pfeffer würzen. In einen Topf geben und alle weiteren Zutaten hinzugeben. Das Pesto bei milder bis mittlerer Hitze langsam aufkochen. Das Pesto in sterilisierte Weckgläser geben und etwa 35 Minuten bei 98 °C einwecken.

Die Artischocken mit den provenzalischen Dips und geröstetem Weißbrot servieren.

Krosses Meeräschenfilet

•

mit Sauce Piperade und Chorizo-Kartoffeln

Meeräsche

In einer Pfanne Olivenöl auf mittlere bis hohe Hitze bringen und die Meeräschenfilets auf der Hautseite etwa 3 Minuten schön goldbraun braten, bis alle Schuppen kross gebraten sind. Dabei die Filets zu Anfang mit einem Pfannenwender flach gedrückt halten, da sie sich sonst von den Rändern her leicht aufrollen. Vorsichtig wenden und den Herd ausstellen.

Die Filets weitere 2–3 Minuten gar ziehen lassen, bis der Fisch noch schön glasig ist. Erst wenn die Meeräschenfilets fertig gegart sind, mit etwas Meersalz würzen.

Sauce Piperade

Die Zwiebeln und Knoblauchzehen schälen und alle weiteren Gemüse putzen. Chorizo und die Gemüse in feine Würfel schneiden, alles bei mittlerer Hitze mit dem Olivenöl in einem Topf anrösten.

Die Gewürze sowie Salz und Zucker dazugeben und etwa 2–3 Minuten mitrösten, so wird der Geschmack der Gewürze viel intensiver. Mit dem Weißwein ablöschen und etwas verkochen lassen, anschließend mit Fond, Jus und den Säften auffüllen. Bei milder Hitze in etwa 35 Minuten weich köcheln lassen, nicht zu stark kochen, damit das feine Aroma und die Fruchtigkeit erhalten bleiben. Mit einem Stabmixer die Soße fein pürieren, danach erst mit Zitronensaft und Zitronenabrieb verfeinern.

FÜR 4 PERSONEN

FÜR DIE MEERÄSCHE:
100 ml Olivenöl
    extra vergine
2 Meeräschenfilets
    (ca. 550 g) mit Haut, ungeschuppt, küchenfertig
Meersalz

FÜR DIE SAUCE PIPERADE:
2 rote Zwiebeln
2 Knoblauchzehen
2 rote Paprikaschoten
1 gelbe Paprikaschote
4 vollreife Tomaten
1 Stange Staudensellerie
½ Fenchelknolle
80 g Chorizo pikant
200 ml Olivenöl
1 EL Paprikapulver edelsüß
½ TL Piment d'Espelette

nächste Seite ⟶

Chorizo-Kartoffeln

Die abgekühlten Pellkartoffeln zwischen den Händen behutsam flach »quetschen«. Chorizo in feine Würfel schneiden und das Fett in einer Pfanne bei mittlerer Hitze langsam auslassen. Die Kartoffeln im Chorizo-Fett von beiden Seiten leicht braun rösten und mit dem aromatischen Olivenöl beträufeln.

Die Chorizo-Kartoffeln auf Küchenkrepp etwas abtropfen lassen, mit Meersalz und Piment d'Espelette abschmecken. Mit den knusprigen Chorizo-Würfeln, dem Fisch und der Soße anrichten.

Im Herzen der Côte d'Azur fließt Jus Piperade,
fruchtig und feurig

1 Messerspitze
  Kurkumapulver
1 Messerspitze
  Zitronenpfeffer
1 TL Meersalz
1 EL Rohrzucker
400 ml trockener Weißwein
600 ml Geflügelfond
400 ml Fischfond
100 ml Geflügel-Jus
100 ml Tomatensaft
60 ml Rote-Bete-Saft
Saft von ½ Bio-Zitrone
½ TL Abrieb von
  1 Bio-Zitrone

FÜR DIE CHORIZO-
KARTOFFELN :
600 g Pellkartoffeln,
  abgekühlt
100 g Chorizo
2 EL Olivenöl extra vergine
2 Prisen Meersalz
1 Prise Piment d'Espelette

Bavette

•

vom Deutsch-Angus-Rind mit Dicken Bohnen und Gemüse-Pfifferling-Salsa

Steak

Für das Bavette eine schwere Bratpfanne langsam und gut erhitzen, das flache Rindfleischstück würde sonst die Hitze sehr schnell abnehmen und das Bratgeschirr »zum Kochen« bringen!

Nun das Steak von allen Seiten salzen, pfeffern und kräftig einölen. Anschließend von beiden Seiten in der gut vorgeheizten Pfanne kräftig von jeder Seite 4 Minuten rösten.

Tipp: Um ein Steak auf den richtigen Punkt zu garen, sollte es mindestens zwei Drittel der Zubereitungszeit an einem warmen Ort ruhen, um den in Wallung geratenen Fleischsaft in der Fleischfaser zu halten.

Vor dem Servieren noch einmal ganz kurz von beiden Seiten rösten, dann gut abschmecken und in 2 Zentimeter starke Tranchen gegen die Faserrichtung aufschneiden.

Bohnen

Einen Topf mit kochendem Salzwasser bereitstellen. Die Saubohnen auspulen, anschließend im Salzwasser für 2 Minuten blanchieren. Parallel eine Schüssel kaltes Wasser mit 2–3 Kühlakkus neben dem Topf bereitstellen.

Die Bohnenkerne nach der Kochzeit in diesem kalten Wasser abschrecken, aus dem Wasser heben und mit etwas Olivenöl und Kräutersalz zum Steak bereitstellen.

FÜR 4 PERSONEN

FÜR DAS STEAK:
1 Stück Flanksteak bzw. Bavette (850 g), gut gereift und von Sehnen und Flexen befreit
3 Prisen Meersalz
3 Prisen frisch gemahlener schwarzer Pfeffer
5 EL Olivenöl zum Braten

FÜR DIE BOHNEN:
Salz
1 kg Dicke Bohnen bzw. Saubohnen
Olivenöl
Kräutersalz

nächste Seite ⟶

Salsa

Die Zwiebeln, den Lauch, Knoblauch und die Chilischote putzen, schälen und in feine Scheiben schneiden. Die Senfgurken in feine Würfel schneiden, die Kirschtomaten vierteln. Alle vorgeschnittenen Zutaten in einer Schüssel vorsichtig vermengen und mit Salz, Zucker, Cayennepfeffer abschmecken.

Dressing

Das frische gepresste Öl, Balsamessig, Sojasoße und Zitronensaft mit Salz und dem Ahornsirup verrühren, mit Salz und Cayennepfeffer pikant abschmecken.

Pilze

Die Pfifferlinge mit 3 Esslöffeln Öl 3 Minuten kurz und sehr heiß anrösten. Vorsicht, die Pfanne muss vorgeheizt sein, sonst fangen frische Pilze gerne schnell an, im eigenen Saft zu kochen.

Nach dem Sautieren die Pfifferlinge mit dem Dressing ablöschen, nun die Pfanne vom Herd ziehen.

Die knackig marinierten Gemüse und die Saubohnen unterheben und mit den Steak-Tranchen zusammen anrichten.

Zum Schluss das Gericht mit frisch gepresstem Sonnenblumenkernöl beträufeln und mit gezupften Buschbasilikumblättchen garnieren.

Tipp: Die Pfifferlinge einen Tag im Voraus putzen und kurz waschen, nun auf einem Küchentuch zum Abtropfen gerne im Kühlschrank bereitstellen. Hier können sie über Nacht überschüssiges Wasser loswerden.

Meisterlicher Schnitt, gut gereift im Dialog mit pikanten Pfifferlingen

FÜR DIE SALSA:

2 Zwiebeln

3 Stangen Frühlauch

1 Knoblauchzehe

1 mittelscharfe Chilischote

2 kleine Senfgurken

100 g vollreife
    Kirschtomaten

Salz

Rohrzucker

Cayennepfeffer

FÜR PILZE UND
DRESSING:

150 ml frisch gepresstes
Sonnenblumenkernöl
    (ungefiltert)

5 EL junger Balsamessig

3 EL milde Sojasoße

3 EL Zitronensaft

3 Prisen Salz

3 EL Ahornsirup

Cayennepfeffer

200 g Pfifferlinge

3 El Öl zum Anbraten

500 g frische Pfifferlinge

3 Zweige Buschbasilikum
    zum Garnieren

Holsteiner Deichlamm

●

orientalisch, mit glasierten Aprikosen, Couscous, Fenchelkraut und Wildrosen

Lamm

Den Backofen auf 150 °C Umluft vorheizen.

Die Lammrückenfilets in 4 Stücke schneiden und mit Salz, Zucker und dem Pfeffer würzen. In einer Pfanne (mit feuerfestem Griff) die Hälfte des Olivenöls kräftig erhitzen und das Lamm rundherum circa 5 Minuten kross-braun anbraten. Die Pfanne mit dem Lamm für circa 5–8 Minuten in den vorgeheizten Ofen stellen und sanft weitergaren. So wird das Lamm schön rosa und bleibt sehr saftig.

Das Fleisch aus der Pfanne nehmen und unter Alufolie ruhen lassen. Die Pfanne mit dem Bratenfond erneut auf den Herd stellen und mit dem Rotwein, dem restlichen Olivenöl und den Kräutern aufkochen und einreduzieren. Bei milder Hitze das Lammfleisch 2–3 Minuten in der Soße glasieren.

Das Fleisch aus der Pfanne nehmen und auf vorgewärmten Tellern mit dem Couscous und dem Fenchelkraut anrichten. Die Soße durch ein feines Sieb gießen und an das Fleisch geben.

Couscous

Die Zwiebel, den Knoblauch, die Mandeln und die halbe Chilischote fein hacken. Die frischen Kräuter kalt waschen, trocken tupfen, die Blättchen von den Stielen zupfen und fein schneiden. Koriandersaat, Fenchelsaat und Kreuzkümmel in einem Mörser fein zerstoßen.

FÜR 4 PERSONEN

FÜR DAS LAMM:
1 Deichlammrücken
   ausgelöst (ca. 400–600 g)
2 TL Meersalz
1 TL Zucker
frisch gemahlener
   schwarzer Pfeffer
6 EL Olivenöl extra vergine
1 kräftiger Schuss
   trockener Rotwein
je 2 Zweige Rosmarin,
   Thymian und Majoran

FÜR DEN COUSCOUS:
1 rote Gemüsezwiebel
1 Knoblauchzehe
20 g Mandeln
½ Chilischote, entkernt
2 Zweige Bohnenkraut
2 Zweige Minze
1 Zweig Petersilie
1 TL Koriandersaat
1 TL Fenchelsaat
1 TL Kreuzkümmel (Cumin)
800 ml Gemüsefond
1 TL Sesam
1 TL Kurkumapulver
   (Gelbwurz)
1 TL Madras-Currypulver

nächste Seite ⟶

In einem Topf den Gemüsefond mit Sesam, allen Gewürzen, dem Oliven-öl, Limettensaft und dem Zucker aufkochen. Den Couscous in eine Schüssel geben und die Zwiebel, den Knoblauch und die Mandeln unterheben. Den heißen Gemüsefond nach und nach hinzugeben und den Couscous 10 Minuten quellen lassen. Mit einer Gabel auflockern und die frischen Kräuter unterheben.

Fenchelkraut

Den Stielansatz, das äußere Blatt und das Grün von den Fenchelknollen fein schneiden. Die festen, knackigen Fenchelknollen halbieren und ganz fein mit dem Gemüsehobel schneiden. Nun zusammen mit Salz, Zucker, gestoßenem schwarzen Pfeffer und Fenchelsaat 10 Minuten Saft ziehen lassen. Apfelsaft, Zitronensaft und das Olivenöl mit den Händen kräftig einkneten. So wird das Kraut wunderbar zart und aromatisch.

Für die Garnitur alle Blüten und Kräuter fein zupfen und nach Herzenslust auf den angerichteten Tellern verteilen.

Zu Hause in der Welt – Holsteiner Deichlamm orientalisch

1 TL Paprikapulver edelsüß
1 gestrichener TL Karda-mompulver
Meersalz
frisch gemahlener schwarzer Pfeffer
5 EL Olivenöl extra vergine
Saft von 1 Limette
2 TL Zucker
400 g Couscous

FÜR DAS FENCHEL-KRAUT:
3 Fenchelknollen
2 Prisen Meersalz
1 Prise Zucker
1 Prise schwarzer gestoßener Pfeffer
2 Prisen Fenchelsaat
5 EL Apfelsaft
Saft von ½ Zitrone
3 EL Olivenöl extra vergine

GARNITUR:
2 Zweige wilde Buschröschen
2 Zweige Minze
1 Zweig Melisse
2 Zweige Sommer-Basilikum (Afrikan Blue)

Rebeccas Weinempfehlung: 2014 Outre Rouge, Côtes du Marmandais –
Domaine Elian da Ros – Südwestfrankreich

Die floralen Noten von Kardamom, zitrusähnlichen Nuancen, Koriander-
samen und warm-süßlicher Duft von Zimt begleiten den Wein sehr harmo-
nisch. Er besitzt wundervolle süße Beerenaromen mit weichem Tannin und
ist eine elegante Ergänzung zum orientalischen Lamm. Durch seine Aromen
von Wildfrüchten, Gewürzen, Noten von kandierten überreifen roten Früchte und seine wärmende Kraft ist er ein besonders guter Begleiter zu diesem
Gericht.

Rhakhshans Weinempfehlung: 2015 Shiraz, Edition Zhouleh – Weingut Saxenburg – Stellenbosch, Südafrika

Der Shiraz hat ein wunderschönes Kleid: Er ist purpur und duftet nach
kandierten schwarzen und roten Beeren. Ein Hauch exotischer Note nach
Papaya und Backpflaumen und Gewürzen wie Zimt, Kardamom und Euka-
lyptus untermalen das Ganze. Rosmarin (feinsüßlich), Kurkuma (erdig) und
Kreuzkümmel (ätherisch-würzig) vervollkommnen die Harmonie zwischen
Mediterranem und zugleich Orientalischem.

Marinierte Erdbeeren

•

mit frischen Buchteln, Schlagrahm und Romanov-Jus

Buchteln

Den Backofen auf 170 °C Umluft vorheizen.

Für den Vorteig in einer großen Teigschüssel alle Zutaten gut vermischen und den Vorteig abgedeckt an einem warmen Ort 15–20 Minuten gehen lassen.

Anschließend alle weiteren Teigzutaten, bis auf die flüssige Butter, in den Vorteig einarbeiten und den Teig gut verkneten, sodass ein schöner glatter Teig entsteht, der nicht mehr klebt.

Den Teig weitere 30 Minuten abgedeckt gehen lassen.

Eine Back- oder Auflaufform gut mit einem Teil der flüssigen Butter auspinseln und mit Zucker ausstreuen. Den Buchtelteig noch einmal gut durchkneten und auf einer bemehlten Unterlage zu einer Rolle formen, in 12 gleich große Stücke schneiden und zu Bällchen drehen. Die Buchteln einzeln in die flüssige Butter tauchen und eng nebeneinander in die Backform setzen. Die Buchteln noch einmal gehen lassen, bis sie ihr Volumen verdoppelt haben.

FÜR 4 PERSONEN

FÜR DEN VORTEIG:
250 g Mehl
400 ml Milch
40 g frische Hefe
80 g Zucker

BUCHTELTEIG:
250 g Mehl
80 g Butter im Stück,
    zimmerwarm
6 Eigelb
1 Messerspitze Vanillemark
1 TL Abrieb von
    1 Bio-Zitrone
1 große Prise Meersalz
50 g flüssige Butter
etwas Zucker für die Form

nächste Seite ⟶

Die Buchteln 25–30 Minuten goldbraun backen. Amaretto mit Zucker und Milch mischen, die noch heißen Buchteln bepinseln, damit sie schön glänzen.

Erdbeeren mit Jus Romanov

500 Gramm der Erdbeeren kalt waschen, trocknen, von den Stielansätzen befreien und in Viertel schneiden.

Für den Jus 100 Gramm Erdbeeren waschen, trocknen, die Stielansätze entfernen und in Stücke schneiden. Die Erdbeeren zusammen mit allen weiteren Zutaten in einem Mixer fein pürieren.

Die geviertelten Erdbeeren mit 2 Esslöffeln von dem Romanov-Jus marinieren, den Rest als Soße zum Anrichten verwenden.

Vollreife Sommerfrüchte mit buttrigem Hefegebäck, kalter Schlagsahne und leichter Schärfe

New York Cheesecake

•

unplugged

Buttercrumble

Den Ofen auf 180 °C Umluft vorheizen.

Alle Zutaten in eine Rührschüssel geben und zu samtweichen Streuseln gut verkneten. Den Teig für mindestens 10 Minuten in den Kühlschrank stellen.

Ein Backblech mit Backpapier auslegen und den Teig als Streusel darauf verteilen. Im vorgeheizten Ofen 10–12 Minuten goldbraun backen.

Cheesecake-Mousse

Nussbutter, Zitronenöl, Holunderblütensirup, Vanillemark und Salz in einer Schüssel mit dem Schneebesen glatt rühren. Alle weiteren Zutaten hinzufügen und gut verrühren. Die Mousse in ein Sahne-Siphon füllen (zum Beispiel iSi Gourmet Whip), eine CO_2-Kapsel anschließen, gut durchschütteln und für 30 Minuten kalt stellen.

Buttercrumble auf Gläser verteilen und die Cheesecake-Mousse darüberschäumen.

Der Ostküsten-Sommer in
seiner leckersten Form – »Cake to stay«

FÜR 4 PERSONEN

FÜR DIE BUTTERCRUMBLE:
200 g Mehl Type 405
125 g zimmerwarme Butter
100 g Zucker
50 g Mandelgrieß
1 TL Abrieb von
    1 Bio-Zitrone
1 Prise Vanillemark
1 Prise Zimt
1 Prise Meersalz

FÜR DIE CHEESECAKE-
MOUSSE:
100 g zimmerwarme
    Nussbutter (Rezept
    Seite 232)
2 EL Zitronenöl
100 ml Holunderblütensirup
1 Messerspitze Vanillemark
1 Prise Meersalz
250 ml saure Sahne
100 g Magerquark
50 ml Sahne

Weinbergpfirsich »Melba«

●

... ein frischer Klassiker

Vanilleeis

Die Milch mit 50 Gramm Zucker und dem Vanillemark kurz aufkochen und auf etwa 70 °C wieder abkühlen lassen. In einem Schlagkessel die Eigelbe mit 50 Gramm Zucker verrühren und über dem 60–75 °C warmen Wasserbad langsam die Milch einrühren, bis die Masse bindet.

Die Sahne, das Kirschwasser und das Salz steif schlagen und die Milch-Ei-Masse langsam unterheben. In einer Eismaschine anschließend zu Eis gefrieren.

Himbeersoße

Alle Zutaten in einen Standmixer geben und sehr fein pürieren. Das Püree anschließend durch ein sehr feines Sieb streichen, um die Kernreste aus der Soße zu entfernen.

FÜR 4 PERSONEN

FÜR DAS VANILLEEIS:
500 ml Vollmilch
100 g Zucker
1 gestrichener TL
   Vanillemark
5 Eigelb
750 ml Sahne
2 cl Kirschwasser
1 Prise Meersalz

FÜR DIE HIMBEERSOSSE:
200 g gefrorene Himbeeren
100 ml Läuterzucker
   (Zuckersirup)
4 EL Zitronensaft
1 Messerspitze Vanillemark

nächste Seite ⟶

Pochierfond und Pfirsiche

In einem Topf alle Zutaten für den Pochierfond kurz aufkochen lassen und den Herd ausschalten.

Die Pfirsiche im Fond, je nach Größe, 2–4 Minuten pochieren. Anschließend unter kaltem Wasser abschrecken.

Die Pfirsiche vorsichtig schälen und mit einer kleinen Zange den Kern entfernen.

In die Kernhöhle je ein Viertel der Marzipanmasse geben.

Die Pfirsiche auf einen Dessertteller legen, die frischen Himbeeren dazu garnieren und mit der Himbeersoße überziehen. Je 1 Kugel Vanilleeis und Mandelgebäck dazu servieren.

Tipp: An heißen Tagen immer etwas mehr Himbeersoße herstellen, die sich hervorragend im Kühlschrank in Glasflaschen aufbewahren lässt. Daraus lässt sich ein herrlicher Sommer-Aperitif zubereiten: Man gibt etwas Himbeersoße in ein Glas und gießt mit Mineralwasser oder Sekt auf.

Unwiderstehlich fruchtig!

FÜR DEN POCHIER-
FOND:
100 ml Weißwein
400 ml klarer Apfelsaft
100 g Zucker
2 EL Amaretto
1 Lorbeerblatt

FÜR DIE PFIRSICHE:
4 reife Weinbergpfirsiche
50 g Marzipan
100 g frische Himbeeren
  zum Garnieren
Mandelgebäck, z. B.
  Cantuccini

Blaubeeromelett

●

mit Crème Chantilly

Blaubeeromelett

Die Blaubeeren vorsichtig mit kaltem Wasser waschen, auf Küchenpapier trocknen und beiseitestellen.

Die Butter circa 2 Stunden vor der Zubereitung aus dem Kühlschrank nehmen.

Mit dem Handmixer die weiche Butter zusammen mit dem Zucker und der Prise Salz schaumig schlagen. Dann die Eier einzeln unterschlagen und die Milch auf niedriger Stufe unterrühren, sodass eine schöne glatte Masse entsteht. Mehl und Backpulver vermischen und unter Rühren nach und nach in die Masse sieben, gut verrühren. Den Amaretto dazugeben und noch einmal gut rühren. Den Teig mindestens 30 Minuten im Kühlschrank ruhen lassen.

Eine beschichtete Pfanne auf die Herdplatte stellen und etwas Butter in die Pfanne geben. Bei schwacher Hitze die Butter aufschäumen lassen, Teig für 1 Omelett in die Pfanne geben und durch langsames Schwenken gut verteilen. Einen Teil der Blaubeeren draufgeben und unter einem Deckel circa 8 Minuten goldbraun backen. Das Omelett auf die Hälfte zusammenklappen und warm stellen. Die weiteren Omeletts ebenso zubereiten.

Crème Chantilly

In einer Rührschüssel die Schlagsahne so lange schlagen, bis sie noch etwas weich fließend ist. Nun die übrigen Zutaten hinzugeben und die Sahne weiterschlagen, bis eine schöne cremige Konsistenz erreicht ist.

Die Omeletts auf einem Teller zusammen mit der Crème Chantilly anrichten, den Puderzucker darüberstäuben und mit einigen Lavendelblüten dekorieren.

So lebt es sich als Blaubeere im Paradies

FÜR 4 PERSONEN

FÜR DAS BLAUBEER-
OMELETT:
250 g frische Blaubeeren
120 g Butter (zimmerwarm)
 + etwas Butter zum Braten
130 g Zucker
1 Prise Salz
2 Bio-Eier
250 ml Milch
250 g Mehl
1 TL Backpulver
2 EL Amaretto

FÜR DIE CRÈME
CHANTILLY:
200 ml Schlagsahne
1 EL Crème fraîche
½ TL Abrieb von
 1 Bio-Zitrone
2 EL Puderzucker
1 Messerspitze
 Bourbonvanillemark

FÜR DIE GARNITUR:
50 g Puderzucker
ein paar Lavendelblüten

Schwarzwälder Kirsch

●

Patisserie-Perfektion aus dem Schwarzwald

Schwarzwälder Kirschragout

Die entsteinten Kirschen mit Apfel-Kirsch-Saft, Zucker und Rübendicksaft in einem Topf kurz aufkochen. Die Stärke mit Kirschwasser und dem Holundersaft kalt vermischen und in das Kirschragout einrühren. Noch einmal kurz aufkochen lassen, bis die Stärke bindet, und anschließend abkühlen lassen.

Schwarzwälder Boden

Den Ofen auf 170 °C Umluft vorheizen.

Butter und Zucker mit dem Handmixer schaumig rühren. Die Eier nacheinander einzeln dazugeben und jeweils gut unterschlagen. Das Mehl durch ein feines Sieb in eine Schüssel geben, mit dem Backpulver und Kakao mischen.

Das Ganze mit der Buttermischung zu einem feinen Teig verrühren. Ein Backblech mit Backpapier auslegen und den Teig mit einer Palette gleichmäßig darauf ausstreichen, sodass das halbe Backblech bedeckt ist. Auf der mittleren Schiene 15 Minuten bei 170 °C backen.

Schwarzwälder Sahne

Alle Zutaten – bis auf die Schokoladenraspel – in einer Schüssel gut miteinander verrühren und in ein Sahne-Siphon (zum Beispiel iSi Gourmet Whip®) füllen. Mit einer CO_2-Kapsel befüllen und gut durchschütteln.

Den fertig gebackenen Kuchenboden in Stückchen brechen und in ein Glas geben. Das Kirschragout daraufschichten und mit einer ordentlichen Portion Schwarzwälder Sahne bedecken. Als Garnitur noch ein wenig Kirschragout, kleine Kuchenstückchen und Schokoladenraspel auf die Sahne geben.

Für einen gelungenen Sommernachmittag

FÜR 4 PERSONEN

FÜR DAS SCHWARZWÄLDER-KIRSCHRAGOUT:
200 g entsteinte Kirschen
200 ml Apfel-Kirsch-Saft
50 g Rohrzucker
20 ml Rübendicksaft
60 g Stärke
6 cl Kirschwasser
100 ml Holundersaft
   (Direktsaft)

FÜR DEN SCHWARZWÄLDER BODEN:
190 g Butter
230 g Zucker
3 frische Bio-Eier (Größe M)
200 g Mehl Type 405
½ Päckchen Backpulver
40 g Kakao, stark entölt

FÜR DIE SCHWARZWÄLDER SAHNE:
200 ml Sahne
100 g saure Sahne
50 ml Läuterzucker
2 EL Kirschkernöl
1 Messerspitze Vanillemark
3 EL Schokoladenraspel
   zum Garnieren

Clafoutis aux abricots

•

französischer Fruchtauflauf – auf der Sommerseite des Lebens

Den Ofen auf 180 °C Ober-/Unterhitze vorheizen.

Die Eier mit dem Zucker, dem Sauerrahm, dem Vanillemark und der Prise Salz mit dem Handmixer gut verrühren. Nach und nach die gemahlenen Mandeln und das Mehl unterheben. Eine Kokotte (feuerfester Schmortopf aus Steingut) mit Butter einstreichen und zuckern. Zuerst den Teig einfüllen, anschließend das Obst in den Teig legen und mit den Mandeln bestreuen. Auf der der zweiten Schiene von unten 10–14 Minuten goldbraun backen.

Den fertig gebackenen Clafoutis mit einigen Blättchen Zitronenthymian bestreuen und mit Puderzucker bestäuben.

Tipp: Wenn keine Aprikosen verfügbar sind oder wenn es eine Variante sein darf: Mirabellen oder Kirschen eignen sich auch hervorragend!

Zu dieser warmen Tarte mögen wir am liebsten Vanilleeis!

FÜR 4 PERSONEN
4 Bio-Eier
190 g Zucker + etwas
    für die Form/Kokotte
200 g Sauerrahm
Mark von 1 Vanilleschote
1 Prise Salz
60 g gemahlene Mandeln
    (aus geschälten Mandeln)
100 g Mehl Type 405
etwas Butter
350 g Aprikosen
20 g ganze Mandeln
    zum Garnieren

FÜR DIE GARNITUR:
einige Blättchen
    Zitronenthymian
Puderzucker

Feinste Getränkekultur

●

Barlöwe Jörg Meyer:
»Gute Drinks sollten beiläufig perfekt sein.«

Jörg Meyer betreibt seit 2007 das Le Lion – Bar de Paris in der Hamburger Innenstadt. 2008 kreierte er den mittlerweile auf der ganzen Welt bekannten GIN BASIL SMASH. Seine preisgekrönte Classic Bar wurde sieben Mal in Folge in die 50 besten Bars der Welt gewählt, er selber wurde 2019 in die Top 30 der Most influencial People of the Global Bar Industry vom Drinks International Magazin gewählt. Neben seinen Bars in Hamburg berät er mit seinem Team Hotels und kreiert und betreut Barkonzepte in verschiedenen europäischen Städten. Auch wenn seine Bars ungewöhnliche Drink-Kreationen servieren, liebt er persönlich einfache Drinks und handwerklich gutes Essen.

Beste Zutaten, drei gleiche Teile, gutes Eis, ein schönes Glas. Das ist alles, was ein guter Drink braucht. Und am wichtigsten: gute Gesellschaft. Mit hochwertigen Zutaten und guter Vorbereitung sollte es jedem Gastgeber gelingen, angenehme Drinks beiläufig perfekt zu servieren. Denn darum geht es Jörg und Matthias. Genießen Sie den Moment mit Ihren Gästen und Freunden. Cheers!

Trident – GUT

●

erfrischend und herb mit feiner Kräuternote

Alle Zutaten auf viel Eis im Glas gut verühren, mit Zitronenzeste abspritzen und eiskalt genießen. Oder als gekühlter Klassiker straight on the rocks.

Die perfekte Belohnung nach
einem heißen Tag

FÜR 1 GLAS
3 cl Gutsküchen
   Wildkräuter-Aquavit
3 cl Fino Sherry
3 cl Cynar
   (Artischocken Bitter)
2 dashes Peach Bitters
1 Bio-Zitrone

HERBST

SEPTEMBER – OKTOBER

Spätsommer und Herbst sind eine wahre Herausforderung für den leidenschaftlichen Koch, Gärtner und Landwirt. Das gesamte Jahr lädt nun zu voller Ernte ein. Unsere Heimat trägt reife Früchte, würziges Gemüse und volles Korn, weit mehr, als wir sofort verarbeiten können. Lesen Sie, wie herzhafte Rezepte auch zu Winterfreuden werden – wecken Sie ein, bewahren Sie ein Stück Spätsommer als Eingemachtes.

Orientalischer Herbstsalat

•

mit Pastinake, Granatapfel, Petersilie, Feta und konfierter Zitrone

Die Salate und Kräuter putzen, waschen und gabelgerecht zurechtzupfen. Die Pastinaken schälen und anschließend mit einem Sparschäler weiter abschälen, bis die Rübe aufgehobelt ist.

Die langen Pastinaken-»Nudeln« mit Salz, Zucker, Zitronensaft leicht marinieren und kurz durchkneten. Den Feta abtropfen und in haselnussgroße Stücke brechen. Den Granatapfel vorsichtig aufschneiden und mit einem Kochlöffel auf die Schale klopfen, so fallen die knackigen Kerne raus, ohne zu platzen.

Nun den Salat mit allen Zutaten locker zusammenstecken und mit Haus-Vinaigrette und der konfierten Zitrone beträufeln. Ein herrlich würziger Salat, mit einem knusprigen Fladenbrot schon eine ganze Mahlzeit.

Dieser Salat weckt die Lebensgeister an frostigen Wintertagen …

FÜR 4 PERSONEN

150 g Schnittsenf-, Rauke- und Kohlsalate
1 kleines Bund Blattpetersilie
2–3 Pastinaken
1 Prise Salz
2 Prisen Zucker
1 EL Zitronensaft
100 g Feta
1 roter Granatapfel (süßsauer)
Haus-Vinaigrette (Rezept Seite 227)
2 EL konfierte Zitrone

Steinpilz-Kokosnuss-Suppe

•

mit Crevette rosé

Suppenansatz

Die Gemüsebrühe, den Geflügelfond und den Weißwein zusammen mit den Knoblauchzehen und den Lorbeerblättern in einen Topf geben und bei mittlerer Hitze auf circa 1,5 Liter langsam einkochen lassen.

Steinpilz-Kokosnuss-Suppe

Die Zwiebeln und den Staudensellerie schälen und in feine Würfel schneiden. Die Steinpilze grob würfeln. 100 Gramm der Butter mit dem Rapsöl in einen Topf geben und unter Rühren erhitzen, bis eine helle Nussbutter entsteht. Die Gemüsewürfel und die Steinpilze jetzt dazugeben und langsam bei mittlerer Hitze rösten, bis eine leichte Bräunung entsteht. Mit Salz, Zucker und Pfeffer abschmecken und mit dem Wermut ablöschen. Langsam weiterköcheln, bis die ganze Flüssigkeit verdampft ist und das Gemüse wieder anfängt zu rösten. Mit einem Drittel des Suppenansatzes ablöschen und mit einem Holzlöffel alle Röststoffe vom Topfboden lösen. Die Hitze so weit reduzieren, sodass die Suppe nur leicht simmert, um das feine Steinpilzaroma zu erhalten. Nun den restlichen Suppenansatz dazugeben und die Suppe langsam auf etwa 1 Liter einköcheln lassen.

Die Kokosmilch, Sauerrahm und 50 Gramm Butter in die Suppe geben und mit einem Mixstab sehr fein pürieren. Mit dem Abrieb und dem Saft der Limette, Salz, Pfeffer und Zucker gut abschmecken.

Die Crevetten waschen, trocken tupfen und in der Schale in einer sehr heißen Pfanne mit etwas Öl von beiden Seiten circa 2 Minuten braten.

Die Steinpilz-Kokos-Suppe in tiefen Tellern mit den Crevetten servieren. Dazu passt geröstetes Brot.

Der König des Waldes in seiner intensivsten Form mit Meer ...

FÜR 4 PERSONEN

FÜR DEN SUPPEN-
ANSATZ:
1 l Gemüsebrühe
1 l Gemüsefond
500 ml trockener Weißwein
3 Knoblauchzehen
2 frische Lorbeerblätter

FÜR DIE STEINPILZ-
KOKOSNUSS-SUPPE:
3 mittelgroße gelbe
 Zwiebeln
3 Stangen Staudensellerie
300 g geputzte Steinpilze
 (frisch oder gefroren)
150 g Butter
1 EL Rapsöl
Meersalz
Zucker
frisch gemahlener
 schwarzer Pfeffer
100 ml trockener Wermut
oder Sherry
100 ml Kokosnussmilch
 (mit Fett)
100 g Sauerrahm
1 Bio-Limette
4–6 Crevette rosé oder
 Gambas (roh und unge-
 schält, Wildfang)

Hokkaido-Kürbiskraut

●

herzhaft-vegetarisch – als Beilage oder ganze Mahlzeit

Den Kürbis halbieren, Kerngehäuse rausschneiden. Anschließend grob klein würfeln. Die Hälfte des Kürbis mit Zwiebeln und Karotte scharf in Rapsöl anbraten (Basis-Suppenansatz).

Den Rest Kürbis mit Salz, Zucker, Cayennepfeffer und Öl marinieren und im Ofen bei 200 °C langsam karamellisieren beziehungsweise rösten.

Den Ansatz mit Apfel- und Orangensaft ablöschen.

Mit Gemüsefond auffüllen. Weich köcheln.

Den gerösteten Kürbis aus dem Ofen nehmen und Reste vom Blech kratzen, anschließend mit Zitronensaft und den Gewürzen abschmecken und mit Milch, Butter und Sahne fein pürieren.

Optimale Garnitur: die eigenen Kerne leicht geröstet, Kürbiskernöl mit Basilikum, Estragon oder fein geschnittene Petersilie.

Hokkaido – unser Superheld aus 800 verschiedenen Kürbissorten!

FÜR 4 PERSONEN

ZUM ANRÖSTEN:
1 Hokkaido-Kürbis
3 Gemüsezwiebeln
3 Karotten
3 EL Rapsöl
100 g Butter

ZUM ABLÖSCHEN:
100 ml Orangensaft
100 ml Apfelsaft (naturtrüb)
300 ml Gemüsefond

ZUM ABSCHMECKEN UND GARNIEREN:
2 EL Zitronensaft
Salz
frisch gemahlener
    schwarzer Pfeffer
Basilikum, Estragon
    oder Petersilie

Herzhafte Kürbissuppe

●

... samtweich und nussig im Geschmack

Den Kürbis halbieren, das Kerngehäuse rausschneiden. Anschließend grob würfeln. Die Zwiebeln schälen und in Würfel schneiden, die Karotten waschen, schälen und ebenfalls in Stücke schneiden. Die Hälfte des Kürbis mit den Zwiebel- und Karottenstücken scharf in Rapsöl anbraten (Basis-Suppenansatz).

Den Rest des Kürbis mit Salz, Zucker, Cayennepfeffer und Öl marinieren und im Ofen bei 200 °C langsam karamellisieren/rösten.

Den Ansatz mit Apfel- und Orangensaft ablöschen.

Mit Gemüsefond auffüllen. Das Gemüse weich köcheln.

Den gerösteten Kürbis aus dem Ofen nehmen und vom Blech kratzen, anschließend mit den Gewürzen abschmecken und mit Milch, Butter und Sahne fein pürieren.

Garnitur

Die Kerne des Hokkaido-Kürbis leicht rösten und über die in Teller angerichtete Suppe geben, dazu passt auch ein wenig Kürbiskernöl, über die Suppe geträufelt. Nach Belieben mit Basilikum, Estragon oder fein geschnittener Petersilie dekorieren.

Das pure Kürbisvergnügen zum Herbst!

HERZHAFTE KÜRBISSUPPE:
1 Hokkaido-Kürbis
3 Gemüsezwiebeln
3 Karotten
5 EL Rapsöl
2 EL Salz
3 EL Zucker
1 TL Cayennepfeffer
3 EL Rapsöl
100 ml Apfelsaft
100 ml Orangensaft
2,5 l Gemüsefond
frisch gemahlener
    schwarzer Pfeffer
1 TL Kurkuma
1 EL Paprikapulver edelsüß
0,5 l Vollmilch, (3,5 % Fett)
100 g Butter
200 ml Sahne

OPTIONAL ZUM GARNIEREN:
Kürbiskerne
Kürbiskernöl
ein paar Basilikumblätter
ein paar Blättchen Estragon
ein paar Stängel Petersilie

Kürbis-Käsekuchen

•

mit Zitrusfrucht und süßsaurem Kürbissalat

600 Gramm rohen Hokkaido trocken im Ofen garen, bis er weich ist. Alle Zutaten mit dem weich gebackenen, abgekühlten Kürbis im Mixer fein pürieren. Kleine Backformen buttern, mit Zucker und Brotbröselsaat ausstreuen, anschließend mit der Cheesecake-Masse zu drei Vierteln füllen und im vorgeheizten Ofen bei 175 °C Umluft 25 Minuten backen.

Garnitur
Die Zitrusfrüchte vorsichtig filetieren, den Abrieb und Saft der Orange mit dem Rohrzucker und dem Zitronensaft verrühren und hier die Filets leicht marinieren und zur Seite stellen. Die Blättchen der Zitronenmelisse abzupfen und zum Garnieren bereitlegen.

Tipp: Zu diesem Dessert passt wunderbar ein herbes Bergamotte-Zitronen-Sorbet und ein feines Blutorangen-Rahm-Eis.

Süß-sündiger Kürbis-Zitrus-Genuss. Ein Dessert mit Gute-Laune-Garantie!

FÜR 4 PERSONEN
600 g Hokkaido-Kürbis
200 g Frischkäse
70 g Palmzucker
30 g Rohrzucker
56 g Mehl
2 Eier
200 ml Sahne
1 Prise Salz
1 Messerspitze gemahlener
  Cayennepfeffer
1 Messerspitze Vanillepulver
1 Messerspitze
  Kurkumapulver
etwas Butter
etwas Zucker
etwas Brotbröselsaat

GARNITUR:
1 Grapefruit
1 Blutorange
½ Pomelo
Abrieb und Saft von
  ½ Orange
1 EL Rohrzucker
3 EL Zitronensaft
3 Zweige Zitronenmelisse

nächste Seite ⟶

Bergamotte-Zitronen-Sorbet

Die Zitronen 24 Stunden mit 100 Gramm Rohrzucker einlegen.

Alle Zutaten bis auf das Eiweiß und das Johannisbrotkernmehl in einen Topf geben und einmal schnell aufkochen, anschließend ziehen lassen, bis die Sorbet-Masse abgekühlt ist, dann die 2 Eiweiß dazugeben und mit Johannisbrotkernmehl fein mixen. Anschließend in einem Pacojet-Becher oder Ähnlichem 10 Stunden einfrieren.

Blutorangen-Rahm-Eis

Alle Zutaten fein mixen. Anschließend in einem Pacojet-Becher oder Ähnlichem 10 Stunden einfrieren.

SORBET:

200 g gecutterte
   Bergamotte-Zitronen
100 g Rohrzucker
100 ml Wasser
100 ml Lemonaid »Limette«
50 ml Zitronensaft
100 ml Läuterzucker
2 Eiweiß
2 g Johannisbrotkernmehl

BLUTORANGEN-
RAHM-EIS:
100 ml Blutorangensaft
100 ml Bananensaft
10 g Zitronensaft
20 ml Rübendicksaft
200 g Joghurt
100 ml Sahne
1 Messerspitze Kurkuma
Abrieb von 1 Blutorange
3 g Johannisbrotkernmehl

Kartoffel-Maultaschen

•

mit Feldsalat, brauner Butter und Ferkelschinken

Nudelteig
Alle Zutaten verkneten, bis der Teig samtweich und »glatt« ist!

Den Teigrohling fest in Frischhaltefolie einwickeln. Mindestens 1 Stunde ruhen lassen, bevor er verarbeitet und fein ausgerollt wird.

Kartoffel-Maultaschen
Die Kartoffeln backen, vierteln und aushöhlen. Die Kartoffelmasse fein pressen und stampfen.

Die Kräuter fein schneiden.

Eigelb, Butter und Paniermehl unter die Kartoffelmasse heben, gut durchmischen, dann die Kräuter unterheben und mit den Gewürzen sowie dem Kräutersalz abschmecken.

FÜR 4 PERSONEN

FÜR DEN NUDELTEIG:
350 g Hartweizengrieß
2 Eier
1 EL Olivenöl
2 Prisen Salz
50 ml Wasser
100 g Semola

Papas Lieblingsgericht

nächste Seite ⟶

Nun den geruhten Nudelteig mithilfe von 100 Gramm feiner Semola und einer Nudelmaschine dünn auswalzen und die ausgekühlte, fertige Kartoffelmasse mittig auf den Pastastreifen gleichmäßig mit einem Spritzbeutel auftragen. Anschließend die gewünschte Maultaschengröße mit einem Kochlöffelstiel abdrücken, schneiden und die Maultaschen für 3 Minuten im kochenden Salzwasser blanchieren.

Tipp: Die Maultaschen nach dem Blanchieren etwas ruhen lassen und dann vor dem Anrichten in etwas Butter rösch anbraten, die Maultasche liebt ihre Röststoffe ...

Salat

Die Zwiebeln putzen und mit 1 Prise Zucker sowie 1 Prise Salz 5 Minuten marinieren, anschließend in der braunen Butter und der Gremolata sautieren, bis sie saftig und glasig sind.

Den Feldsalat verlesen, putzen, waschen und trocken schleudern.

Die frischen Schmelzzwiebeln mit dem geputzten Feldsalat locker vermengen und mit dem Ferkelschinken und den gebratenen Maultaschen anrichten.

FÜR DIE KARTOFFELFÜLLUNG:
500 kg mehligkochende Kartoffeln
3 EL Kräuter der Saison (Thymian, Majoran, Salbei ...)
2 Eigelb
40 g Butter
60 g Semmelmehl (Paniermehl)
frisch gemahlener schwarzer Pfeffer
Muskatnuss, frisch gemahlen oder als Pulver
Kräutersalz
2 Eier

FÜR DEN SALAT:
2 Zwiebeln
1 Prise Zucker
1 Prise Salz
150 g braune Butter
1 EL Gremolata (Rezept Seite 233)
200 g Feldsalat
100 g fein geschnittener roher Ferkelschinken

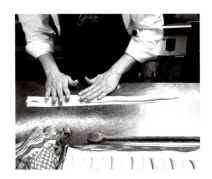
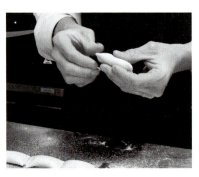

Maultaschen, gebraten oder in der Brühe –
immer ein Gedicht!

Crosne Milanese

•

mit Röstzwiebeln und Parmesanschaum

Röstzwiebeln und Parmesanschaum

Zwiebeln und Knoblauch schälen und fein würfeln. Beides in 50 Gramm Butter und dem Olivenöl mit den Lorbeerblättern anschwitzen. Nach circa 5 Minuten mit Wermut und Weißwein ablöschen. Kräftig mit Salz und Pfeffer würzen. Die Geflügelbrühe dazugeben und den Soßenansatz auf 300 Milliliter einkochen. Anschließend mit Parmesan, Butter und Sauerrahm fein mixen. Vorsicht beim erneuten Aufkochen! Im iSi Gourmet Whip® bereitstellen und warm halten.

Crosne Milanese

Den Knollenziest waschen und gut putzen, dann in etwas Rapsöl kurz und heiß rösten. Wichtig: Der Ziest soll seinen Biss und die wasserkastanienähnliche Konsistenz behalten. Die Blattpetersilie fein schneiden. Den Parmesan grob hobeln. Beides über dem fertig gebratenen Knollenziest auf Tellern anrichten. Den Parmesanschaum in die Mitte jedes Tellers setzen, die Röstzwiebeln darum herum dekorieren und dazu den mit Petersilie und Parmesan bestreuten Knollenziest reichen.

Knollenziest ist eine spannende Antwort auf Wasserkastanien

Rebeccas Weinempfehlung: 2016 Weißburgunder, Duttweiler Mandelberg – Weingut Bergdolt – Pfalz, Deutschland

Crosne mit seiner knackig frischen Kernigkeit und die Salzigkeit des Parmesans im Gericht sind wie eine Hochzeit – festlich, unvergesslich und abenteuerlich. Der Wein zeigt ein schönes leuchtendes Weißgold. Er ist präzis und vital und hat eine feine aromatische Seite wie Akazie und Herbstbirne. Zu diesem Essen mit italienischem Charakter passt ein Pinot Blanc beziehungsweise Weißburgunder wunderbar.

FÜR 4 PERSONEN

FÜR DEN PARMESAN-SCHAUM:

5 kleine Zwiebeln

80 g Knoblauch

150 g Butter

8 EL Olivenöl

2 Lorbeerblätter

20 ml Wermut oder trockener Sherry

100 ml trockener Weißwein

½ TL Kräutersalz

3 Prisen frisch gemahlener schwarzer Pfeffer

800 ml Geflügelbrühe

100 g Parmesan

100 g Sauerrahm

FÜR DIE CROSNE MILANESE:

300 g gut gewaschene Crosne (Knollenziest)

etwas Rapsöl zum Anbraten

1 kleines Bund Blattpetersilie

60 g fein gehobelter gereifter Parmesan

30 g Röstzwiebeln

Rhakhshans Weinempfehlung: 2015 Silvaner Umerus Natura, Alte Reben Homburger Kallmuth – Edition Rakhshan Zhouleh – Weingut Fürst Löwenstein – Franken, Deutschland

Silvaner Umerus Natura ist goldfarben mit Schattierungen von Gelb, unterstrichen von feinen Kräutern, Vogelbeeren und Honigmelonenhaut. Die cremige Textur ist fein schmelzend und der maritime Charakter von grünem Tee, Austernschalen und Algen bietet die Verbindung zwischen Crosne und Parmesan. Die Mineralität des Weins ist einmalig und verleiht eine unvergessliche Stimmung am Gaumen.

Königsmakrele

•

mit Kresse-Gnocchi und Senfkaviar

Fischfilets

Die entgräteten Fischfilets in 4 Portionen aufteilen. Alle anderen Zutaten für den Pochierfond in einen Topf geben und ganz kurz aufkochen. Anschließend sofort auf kleine Hitze reduzieren, sodass der Fond nur noch eben simmert. Die Makrelenfilets hineinlegen und etwa 6 Minuten pochieren.

Tipp: Die Königsmakrelenfilets am besten vom Fischhändler putzen und entgräten lassen.

FÜR 4 PERSONEN

FISCHFILETS:
300–400 g Königs-
   makrelenfilet
600 ml frischer
   Rote-Bete-Saft
400 ml Fliederbeersaft
50 ml Himbeeressig
2 Lorbeerblätter
½ TL geriebenes Süßholz
2 EL Rohrohrzucker
   (z. B. Muscovado)
1 EL Meersalz

Dieser perfekte Jäger gilt als »weißer Thunfisch« –
eine echte Delikatesse!

nächste Seite ⟶

Kartoffel-Kresse-Gnocchi

Die Kartoffeln in der Schale gar kochen und pellen. In der Zwischenzeit die Butter zerlassen, nicht zu heiß werden lassen.

Die Kartoffeln durch eine Kartoffelpresse drücken, am besten zweimal, dann wird die Kartoffelmasse schön fein. Wer keine Kartoffelpresse hat, kann auch einen Kartoffelstampfer oder eine Gabel zum Zerdrücken nehmen und die Masse anschließend durch ein feines Sieb streichen. Die Kartoffelmasse etwas abkühlen lassen.

Die Sprossen beziehungsweise Kresse in der geschmolzenen Butter mit einem Mixstab ganz fein pürieren und zusammen mit dem Eigelb unter die Kartoffelmasse kneten. Das Ganze mit dem Meerrettich, Zitronenpfeffer und Salz abschmecken. Die Masse 4–5 Minuten gründlich durchkneten, bis ein schöner elastischer Teig entsteht. Den Hartweizengrieß darüberstäuben und weiterkneten, bis alles gut vermengt ist.

In einem großen Topf Wasser zum Kochen bringen und salzen.

Den Gnocchi-Teig zu dünnen (1–2 Zentimeter) Rollen formen und in circa 2 Zentimeter lange Scheibchen schneiden. Die Gnocchi mit dem Daumen über einen Gabelrücken mit ganz leichtem Druck abrollen. Die Gnocchi ins kochende Wasser geben und den Herd auf ganz milde Hitze reduzieren, damit das Wasser nicht mehr kocht und die Gnocchi gar ziehen können. Wenn die Gnocchi an die Oberfläche aufschwimmen, sind sie fertig.

Die Gnocchi abgießen, kurz abschrecken und in einer Pfanne mit etwas zerlassener Butter durchschwenken.

Bunter Senfkaviar

Die Senfsaat in gut gesalzenem Wasser 10 Minuten blanchieren und durch ein feines Sieb abgießen. Den Gurkeneinweckfond erhitzen, den Estragonessig und die Gewürze hinzufügen. Die Senfkörner in ein verschließbares Glas füllen und mit dem Einweckfond auffüllen. An einem kühlen Ort lichtgeschützt mindestens 1 Woche gelieren lassen.

Die Königsmakrelenfilets auf vorgewärmten Tellern zusammen mit den Kresse-Gnocchi und dem Senfkaviar servieren. Mit den Sprossen garnieren.

Tipp: Die Sprossen lassen sich auch zu Hause hervorragend selber ziehen. Das Saatgut gibt es überall im Gartenhandel.

KARTOFFEL-KRESSE-GNOCCHI:
450 g mehligkochende Kartoffeln
30 g Butter + etwas mehr
2 Kissen Gartenkresse oder Rucolasprossen
3 Eigelb
2 TL frisch geriebener Meerrettich
Zitronenpfeffer
Meersalz
200 g Hartweizengrieß (Semola di grano duro)
1 Kissen Rettich- oder Radieschensprossen zum Garnieren

BUNTER SENFKAVIAR:
60 g gelbe Senfsaat
40 g schwarze Senfsaat
Meersalz
100 ml Einweckfond für Gewürzgurken
10 ml Estragonessig
fein gemahlener Piment
fein gemahlener schwarzer Pfeffer
Zucker

Bauern-Gnocchi

•

mit Speck und Salbei

Hinweis: Diese Gnocchi sind etwas weniger aufwendig in der Handarbeit, da man sie nicht über die Gabel abrollt, sondern mit einem Brotmesser direkt auf dem Arbeitstisch wegschneidet und brüht. Die Zutaten und der Teig bleiben sich jedoch gleich.

Den Rauchspeck in mittlere, gabelgerechte Stifte schneiden und mit Butter sowie dem Olivenöl langsam bei mittlerer Hitze rösten und das Fett auslassen.

Wenn der Speck rösch wird, die trocken getupften Gnocchi mit in die Pfanne rutschen lassen und beherzt unter leichtem Schwenken mitrösten.

Die Kunst ist hier, den richtigen Punkt des Ablöschens mit Wein und Brühe zu finden. Nach dem gleichmäßigen hellbraunen Rösten nun erst mit Weißwein ablöschen und so lange weiterschwenken, bis die Gnocchi den Wein komplett aufgenommen haben. Jetzt mit dem Fleischfond ein zweites Mal ablöschen und so die Butter und den Specksaft leicht binden. Die Salbeiblätter von den Stängeln zupfen, das Bohnenkraut abrebeln und mit einer großen Prise schwarzen Pfeffer hinzugeben und das Ganze einmal erhitzen.

Zum Servieren gerne noch den Rest des gut gekühlten Weißweines und Bergkäse als kräftige Garnitur reichen. Diese gutbürgerliche Speise schmeckt nicht nur in den Bergen.

Eine meiner liebsten Hütten-Gaudis ... mit viel magerem Speck

FÜR 4 PERSONEN
500 g frische Bauern-
     Gnocchi (Rezept siehe
     Seite 192)
150 g magerer Rauchspeck
     vom Jungschwein
80 g Butter
3 EL Olivenöl
10 ml süffigen Weißwein
80 ml Fleischfond
1 kleines Bund
     frischen Salbei
2 Zweige Bohnenkraut
1 große Prise frisch
     gemahlener schwarzer
     Pfeffer
etwas Bergkäse

Coq au Vin

•

von der Holsteiner Poularde mit konfierten bunten Wurzeln und Weißbrot

Coq au Vin – Hahn im Rotweinschmorsud – ist ein klassisches Rezept der französischen Landhausküche aus dem Burgund. Hier kommt ein kräftiger Côte d'Or in den Schmorsud. Die leichte Sommervariante als Coq au Riesling wird als Schmorgericht im Elsass serviert. Mit einem charaktervollen Rosé aus dem Jura heißt der Schmortopf Coq à la Jurassienne. Viel Freude mit einem meiner Lieblingsklassiker der südeuropäischen Landküche ...

Der Coq au Vin schmeckt am besten, wenn man das geschnittene Geflügel 24 Stunden mit den Kräutern, Salz, Zucker, Pfeffer im Suppengemüse, Holundersaft und Wein mariniert und dann behutsam schmort. Einen Coq au Vin für Samstag also schon donnerstags einkaufen und die Marinade ansetzen.

Auch die Gemüse baden und simmern gemächlich in feinem Rapsöl und Kräutern – nur so akzeptiere ich die feinwürzige Garnitur für dieses Nationalgericht unserer Nachbarn.

Nach dem Marinieren des Geflügels Gemüse und Marinade durch ein Sieb trennen und beiseitestellen. Das Fleisch mit 100 Gramm der Butter von allen Seiten scharf anbraten und gut bräunen, anschließend aus dem Bräter nehmen, den Bratensaft auffangen. Im selben Bräter weitere 50 Gramm der Butter erhitzen und darin das Gemüse und die Pilze anbraten. Dann das Fleisch zurückgeben und mitrösten.

FÜR 4 PERSONEN

1 Bio-Landhuhn/Poularde (ca. 1,5 kg)
200 g frische Butter
200 g violette Möhren
1 Stange Lauch
2 Stangen Staudensellerie
6 kleine Zwiebeln
½ Knoblauchknolle
2 EL Meersalz,
1 EL Rohrzucker
1 l kräftigen Rotwein
200 ml Holundersaft (Muttersaft)
500 ml kräftiger Hühnerfond
1 TL schwarzer Pfeffer
400 g Steinchampignons
1 kleines Bund Blattpetersilie
6 Zweige Thymian
2 Lorbeerblätter

nächste Seite ⟶

Die Rübchen und Wurzeln werden kräftig mit der Gemüsebürste geschrubbt und klar gespült.

Das Rapsöl in einem Schmortopf langsam erwärmen bis kurz vor dem Simmer-Kochpunkt (circa 85 °C). Nun die Gemüse hier ungeschält circa 35 Minuten auf den Punkt garen, bitte zart mit leichtem Biss – nicht matschig!

Schließlich kommen Bratensaft und Marinade dazu. Die Geflügelteile schmoren darin 1 ½ Stunden. Dann den Coq au Vin aus dem Ofen nehmen und im Schmoransatz 30 Minuten ruhen lassen.

Nun das Fleisch aus dem Schmortopf ausstechen (die Fleischstücke entnehmen) in ein Serviergeschirr. Das Schmorgemüse mit einem Schaumlöffel abgetropft über das Fleisch verteilen und den Coq au Vin im Ofen bei 120 °C bereitstellen.

Die Schmorsoße noch circa 10 Minuten simmern und reduzieren lassen. Wenn nötig, mit 1 Teelöffel Maisstärke und 20 Milliliter Rotwein binden. Die Soße mit den restlichen 50 Gramm frischer kalter Butter in Hochform bringen, dann das Geflügel und Gemüse damit übergießen und heiß ziehen lassen. noch einmal 1 ½ Stunden schmoren. Et voilà, fertig ist der Coq au Vin! Dazu gibt es etwas frische Blattpetersilie und knuspriges Landbrot.

Nur ein glückliches Geflügel darf ein
»Coq au Vin« werden!

»Boeuf à la mode«

•

vom Weide-Angus –
gutbürgerlicher Schmorbraten

Das Rindfleisch mit dem Meersalz und dem Pfeffer kräftig würzen. Die Zwiebeln, den Knoblauch und die Karotten schälen, den Fenchel und den Sellerie putzen, waschen und trocken tupfen. Das Röstgemüse in grobe Würfel schneiden.

In einem Schmortopf das Rapsöl stark erhitzen und das Rindfleisch rundherum gut anbraten, sodass eine schöne Bräunung entsteht. Jetzt das Gemüse hinzugeben und mit dem Fleisch anrösten. Mit dem Rotwein ablöschen und so weit reduzieren, bis die Flüssigkeit verdampft ist und der Ansatz wieder anfängt zu rösten. Mit der Rinderbrühe aufgießen und im geschlossenen Topf bei milder Hitze circa 2 ½ –3 Stunden schmoren lassen, bis das Fleisch schön zart und saftig ist.

Das Fleisch aus dem Topf nehmen und in Alufolie gewickelt warm stellen. Den Bratenfond durch ein feines Sieb geben und das Gemüse gut ausdrücken, sodass nichts von dem Bratenfond verloren geht. Diesen in einem Topf wieder zum Kochen bringen und einreduzieren, bis eine schöne Bindung entsteht. Das Pflaumenmus dazugeben und unterrühren. Die Soße mit Pfeffer, Salz und Zucker gut abschmecken.

Das Fleisch aus der Alufolie nehmen und in Scheiben schneiden, zusammen mit der Burgundersoße servieren.

Tipp: Das marmorierte Fleisch aus der flachen Schulter des Deutsch-Angus-Rinds oder alternativ Rinderbäckchen eignen sich hervorragend als Schmorfleisch, da wir hier sehr bindegewebsreiches Fleisch brauchen. Zu diesem kräftigen Gericht passen geschmorte oder konfierte Gemüse (Rezept siehe Coq au Vin, die Seiten 196/199, gerne mit Kohlrabi!) und ein butteriges Kartoffelpüree mit frischem Lauch und Blattpetersilie.

FÜR 4 PERSONEN
850–1000 g marmoriertes
   Angus-Rindfleisch aus der
   flachen Schulter, alternativ
   Rinderbäckchen
1 EL Meersalz
frisch gemahlener
   schwarzer Pfeffer
2 rote Zwiebeln
½ Knoblauchknolle
2 Karotten
½ Knolle Fenchel
1 Stange Staudensellerie
2 EL Rapsöl
125 ml roter Burgunder
   trocken (Pinot noir)
1 l kräftige Rinderbrühe
2 TL Pflaumenmus
1 EL Zucker

Rinderschulter – das Beste vom Guten für den
»bürgerlichen« Schmortopf

Gutsferkel »hanseatisch«

•

Hamburger Klassiker mit Birnen, Bohnen und Drillingen

Krustenbraten

Den Ofen 170 °C bei Ober- und Unterhitze vorheizen.

Die Zwiebeln und die Karotten schälen, den Staudensellerie waschen und trocken tupfen. Das Gemüse in walnussgroße Stücke schneiden. Den Jungschweinebauch kräftig mit Salz, Pfeffer und Kümmel würzen.

Die Gemüsewürfel in einem Bräter mit etwas Öl anrösten. Mit dem Malzbier und dem Weißwein ablöschen und etwas einkochen lassen, anschließend mit dem Fond auffüllen, die Lorbeerblätter zugeben und den Jungschweinebauch mit der Schwarte nach unten in den Bratensatz legen. Im vorgeheizten Ofen 45 Minuten braten. Den Braten wenden und die Schwarte mit einem scharfen Messer (Cuttermesser) kreuzweise flach einschneiden, ohne in das Fleisch zu schneiden. Die Temperatur im Ofen auf 180–200 °C erhöhen und mit der Schwarte nach oben weitere 35 Minuten braten, bis sich eine knusprige Kruste gebildet hat.

Den Braten aus der Soße nehmen, den Ofen abschalten und auf einer Platte im noch warmen Ofen ruhen lassen. Den Soßenansatz durch ein Sieb geben und die Gemüsestücke gut ausdrücken. Die Soße nach Geschmack und gewünschter Intensität einkochen, mit Salz und Pfeffer abschmecken.

FÜR 4 PERSONEN

FÜR DEN KRUSTEN-
BRATEN:
100 g Zwiebeln
100 g Karotten
100 g Staudensellerie
1,5 kg Bio-Jungschweine-
    bauch mit Schwarte
Meersalz
frisch gemahlener
    schwarzer Pfeffer
1 TL Kümmel
5 EL Rapsöl zum Rösten
1 Flasche (0,3 l) Honig-
    malz-Bier (z. B. Pinkus)
100 ml trockener Weißwein
1 l Fleischbrühe oder
    Geflügelfond
3 Lorbeerblätter

Oma-Hamburgs Lieblingsgericht auf neuen Wegen

nächste Seite ⟶

Bohnen

Die Buschbohnen, die Petersilie und das Bohnenkraut waschen. Die Bohnen putzen, die Kräuterblättchen von den Stielen zupfen. Die Kräuter fein hacken.

Den Speck würfeln und langsam kross ausbraten, auf Küchenpapier abtropfen lassen.

Die Bohnen in sprudelndem Salzwasser bissfest garen, bis Sie nicht mehr »an den Zähnen quietschen«, dann abgießen.

Die Butter, die Kräuter und den Speck unter die Bohnen und Bohnenkerne heben und mit Salz, Pfeffer und Zucker würzen.

Birnen

Die Birnen waschen, halbieren und das Kerngehäuse entfernen. Den Saft und den Weißwein mit den weiteren Zutaten kurz aufkochen und die Birnen einlegen. Bei ganz milder Hitze vorsichtig bissfest garen. Vor dem Servieren die Butter in einer Pfanne erhitzen und die Birnen auf der Schnittseite leicht karamellisieren.

Drillinge

Die Kartoffeln in der Schale mit etwas Salz kochen und anschließend pellen.

Den Braten aufschneiden, mit den Bohnen, den Birnen, den Kartoffeln und der Soße anrichten.

FÜR DIE BOHNEN:
600 g feine Buschbohnen
1 kleines Bund
   glatte Petersilie
1 kleines Bund Bohnenkraut
100 g fein geschnittener,
   durchwachsener Speck
1 EL Butter
Meersalz
frisch gemahlener
   schwarzer Pfeffer
200 g weiße und
   schwarze gekochte
   Bohnenkerne
1 EL Zucker

FÜR DIE BIRNEN:
4–6 kleine feste Birnen
   (Kaiserkronen oder kleine
   Abate Fetel)
500 ml Birnen- oder
   Apfelsaft
100 ml trockener Weißwein
2 Lorbeerblätter
8 schwarze Pfefferkörner
2 EL Rohrohrzucker
Butter

FÜR DIE DRILLINGE:
1 kg festkochende Drillinge
   oder kleine Kartoffeln wie
   Princess oder Agria
etwas Salz

Wulksfelder Hof-Ei

•

auf polnische Art mit wildem Blumenkohl und Sauce hollandaise

Die Eier wachsweich 6 Minuten in kochendem Wasser garen, abschrecken und vorsichtig pellen.

Denn Blumenkohl waschen, putzen, kurz (1–2 Minuten) in kräftigem Salzwasser blanchieren und anschließend abschrecken.

Die Brotbrösel mit 100 Gramm Butter rösten und mit Salz, Pfeffer und Muskat abschmecken.

Den wilden Blumenkohl mit der restlichen Butter sautieren und mit Salz und Zucker abschmecken.

Die Sauce hollandaise zubereiten (siehe Rezept Seite 72) und bereitstellen.

Den Löwenzahn waschen und zurechtzupfen.

Blumenkohl mit einer der schmackhaftesten Garnituren unserer Nachbarn

FÜR 2 PERSONEN
4–6 frische Eier aus
    bester Haltung
200 g wilder Blumenkohl
    (geputzt) oder ½ weißer
    Blumenkohl
Salz
100 g Brotkrumen
100 g Butter
frisch gemahlener
    schwarzer Pfeffer
Muskatnuss, frisch gemahlen
    oder als Pulver
1 Prise Zucker
200 ml Sauce hollandaise
    (Rezept Seite 72)
50–80 g junger Löwenzahn
    mit Blüten

Haselnuss-Pförtchen

●

mit Hagebuttenmarmelade und Puderzucker

Die Hagebutten gegebenenfalls verlesen, gut waschen und die Stiele entfernen. Hagebutten mit 1 Liter Wasser aufkochen, bei mittlerer Hitze und gekipptem Deckel circa 40 Minuten köcheln, bis die Hagebutten weich gekocht sind.

In der Zwischenzeit die Gläser sterilisieren.

Die Hagebutten samt Kochwasser und Apfelsaft mit einem Pürierstab grob pürieren. Es geht hier nicht darum, eine glatte Masse zu erhalten. Vielmehr vereinfacht es das nun folgende Passieren. Die grob pürierte Masse durch ein feines Sieb passieren. Ich verwende zum Passieren eine Suppenkelle, mit der ich das Hagebuttenmus durch ein Sieb drücke, ein Esslöffel tut es aber auch. Zum Schluss bleiben nur die harten Schalen und die Kerne im Sieb zurück. Die werden entsorgt.

Die Vanilleschote mit einem Messer halbieren und das Mark herauskratzen. Das passierte Hagebuttenmus mit Zucker, Schale und Saft von 1 Zitrone, Agar-Agar und Vanille unter Rühren zum Kochen bringen und 2 Minuten unter stetigem Rühren köcheln lassen.

Die Marmelade noch heiß in die Gläser füllen und fest zuschrauben. Die Gläser mit einem Handtuch zudecken und langsam abkühlen lassen.

Eins ist nie genug – dieses altdeutsche Gebäck ist 'ne Wucht!

FÜR 4 PERSONEN
700 g Hagebutten
1 l Wasser
200 ml Apfelsaft
½ Vanilleschote
200 g Rohrzucker
1 Zitrone (Schale und Saft)
1 gestrichener TL Agar-Agar
4 Schraubgläser mit jeweils
   ca. 200 ml Fassungsvermögen
1 feines Sieb zum
   Passieren oder eine
   Passiermühle

Feinste Getränkekultur

•

Norddeutschlands
Wildkräuter-Aquavit GUT

Willkommen in der Feingeisterei auf Gut Basthorst! Mit einem edlen GUTs-Tropfen den Gaumen bezaubern, die Sinne inspirieren und den Geist beflügeln. Für einen Wildkräuter-Aquavit oder Obstbrand, der den Charakter einer Landschaft mit der Kraft und Reife ihrer Früchte und Gewächse in sich trägt, braucht es große Begeisterung für die eigene Profession und ein tiefes Verständnis von Zeit, Geschmack und Qualität. Wir glauben an die Einzigartigkeit und Individualität der Natur. Kompromisslosigkeit in der Auswahl unserer Rohstoffe, bei der Verarbeitung und der Veredelung zum Destillat ist unsere Maxime. Wir verwenden keine Zusatzstoffe, keine zugesetzten Aromen, sondern hundert Prozent reine Natur in nachhaltiger Bioqualität. So spiegeln unsere Destillate unser Handwerk wider.

Einzigartig. Echt. Exklusiv. Nach diesem Credo produzieren wir seit nunmehr über sechs Jahren auf Gut Basthorst unsere Spirituosen. Jetzt ist die Zeit reif für einen neuen Schritt: die Erweiterung unserer Brennerei um die Gründung der FARO-Whisky Distillery. Genießen Sie mit Matthias und seinem GUT Wildkräuter-Aquavit eine unserer norddeutschen Raffinessen. Zum Wohl!

Fabian Rohrwasser

GUT WULKSFELD

HANDWERK

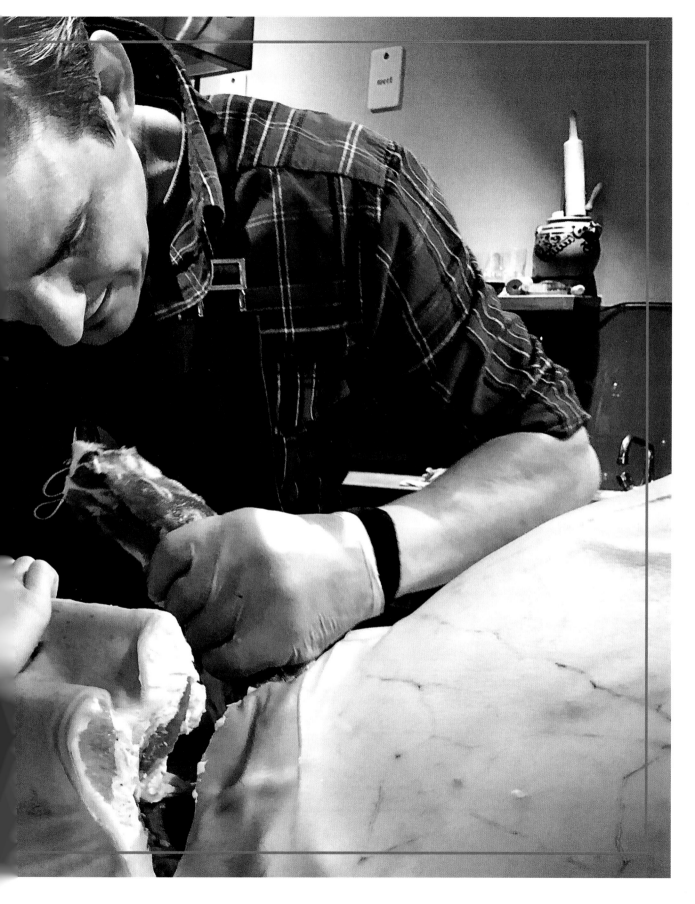

Fisch
&
Meer

}

Wir leben auf einem »blauen« Planeten, über zwei Drittel unserer wunderschönen Erde sind Wasser – Ozeane, Seen und Flüsse. Es ist an uns, diese Ressourcen zu pflegen und zu schützen. Noch bietet sich ein unschätzbarer Schatz an Artenvielfalt und Superfood aus dem Meer. Ein respektvoller Umgang und nachhaltiger Fischfang sind nur logisch und führen zu den schmackhaftesten Fischgerichten. Bitte lasst die Finger von Maischollen, Babyfisch, Hai-Steak und Schleppnetzen. Geben wir unserer Erde die Kraft zurück, die sie seit Millionen von Jahren für uns bereitstellt. Traut euch in diesem Buch mit mir an ganze Leinenfang-Fische, große Muscheln, Felsenkraken und vieles MEER.

Fleisch, Geflügel & Wild

:

Lebensraum, naturnahe Aufzucht, eine artgerechte Jagd und anschließende Reifezeit legen die Grundsteine für ein perfektes Stück Fleisch. Hier sind meist nur gute Luft, Salz und Zucker zur Veredelung der in Ruhe gewachsen Struktur nötig. Dieses Fleisch – ob frisch oder haltbar gemacht – sollte in unserer Gesellschaft das einzige von Interesse sein! Die immer größere Beschleunigung im Lebensmittelhandel ist ein großes Problem und sollte an jedem Tag entschleunigt und durch bewussten Genuss ersetzt werden. Weniger ist hier so viel mehr!

Nehmen Sie bei Ihrem Qualitätsanspruch kein Blatt vor den Mund und geben Sie dem Fachhandwerker wie Fleischer, Metzger und Landwirt eine reale Chance, für das Tierwohl zu arbeiten. Wagen Sie sich mit diesem Buch an Fleischreifung und die ersten Schinkenstücke heran. Es lohnt sich …

Salz, Zucker, Basis-Fonds, Soßen, Eingewecktes – jede authentische Küche, die ich bereisen und studieren durfte, hat ihr ganz eigenes Herz und ihre energiegeladene Mitte. Hier findet ihr unsere »beseelten Küchengeister«, die Basis des »echten« Geschmacks und viele kleine leichte Varianten der GUTen Küche. Traut euch, lecker zu kochen, und verlangt dem Alltäglichen das Beste ab, durch Salz, Zucker, Säure und Öle. Viel Spaß mit diesem Einblick in die Aromen unserer Landhausküche!

10 g Sternanis
40 g Ceylon-Zimt
50 g frisch gemahlener
   schwarzer Pfeffer
50 g Piment
30 g Kaffeebohnen
10 g Gewürznelken
100 g getrocknete
   Hibiskusblüten
50 g Ingwerpulver
50 g Meersalz
150 g Zucker

Rotkohlgewürz

Bei meinen Köchen wird diese winterliche
Gewürzmischung auch Rotkohl-Wunder genannt

Die Gewürze zusammen mit dem Salz in einem Standmixer ganz fein mahlen. Die Gewürzmischung mit dem Zucker gut vermischen und in luftdicht verschließbaren Schraubgläsern aufbewahren. Das Rotkrautgewürz bleibt so mehrere Monate wunderbar aromatisch.

8 g Zitronenpfeffer
6 g Currypulver Madras
6 g Kurkuma, gemahlen
4 g Piment
4 g Koriandersaat
3 g Kreuzkümmel
3 g Basilikum, gerebelt
3 g Minze
3 g Hibiskusblüten
2 g Kamillenblüten
2 g Kardamomsamen
3 g Zitronengras
3 g Zimt, gemahlen
5 g Cayennepfeffer
2 g Nelken
150 g brauner Zucker
250 g Meersalz

Orientalisches Salz

1001-Geschmacksnoten aus meiner Zeit im Abendland

Alle Kräuter von etwaigen Zweigen abstreben und grob gerebelt beziehungsweise vorgeschnitten in einen Cutter oder Thermomix geben. Alle Gewürze und Kräuter mit 150 Gramm braunem Zucker und 250 Gramm Meersalz fein cuttern! Dann luftabgeschlossen und trocken lagern.

Hinweis: Die Gewürze und Kräuter müssen vollständig getrocknet sein!

Feines Rauchsalz

Ein kräftiger, 100% natürlicher Geschmacksverstärker aus Aktivkohle, Gewürzen & Kräutern, lässt jedes BBQ-Herz höher schlagen

Alle Gewürze und Kräuter von etwaigen Stängeln abstreben und grob gerebelt beziehungsweise vorgeschnitten in einen Cutter oder Thermomix geben. Alle Zutaten mit 140 Gramm braunem Zucker und 200 Gramm Meersalz fein cuttern! Dann luftabgeschlossen trocken lagern.

Hinweis: Die Gewürze und Kräuter müssen vollständig getrocknet sein!

20 g Kräuterkohle (ungebrannt, nur verkohlt!)
10 g schwarzer Pfeffer
10 g Kakaopulver (dunkel)
10 g Kaffeebohnen (kräftige Sorte)
10 g Rosmarin
10 g Basilikum
10 g Fenchelsaat
10 g Piment
20 g Paprikapulver edelsüß
10 g Thymian
10 g Salbei
6 g Oregano
10 g Kümmel
10 g Sternanis
10 g gemahlener Ingwer
140 g brauner Zucker
200 g Meersalz

Grünes Blattpetersilienöl

Unfassbar grün, intensiv und frisch!

Die Petersilie kalt abbrausen, sorgfältig trocken tupfen und mit den Stielen grob hacken. Zusammen mit dem Rapsöl und dem Salz in einem Standmixer 2–3 Minuten ganz fein mixen. Ein Mulltuch in ein feines Sieb legen, das Öl passieren und einige Minuten gut abtropfen lassen. In einer verschließbaren Flasche kühl und dunkel aufbewahren und innerhalb von circa 2 Wochen aufbrauchen.

1 Bund Blattpetersilie
200 ml mild gedämpftes Rapsöl
1 große Prise Meersalz

500 g Preiselbeeren
250 g Rohrzucker

Wildpreiselbeeren

Meine liebste, herbe Sommerfrucht des Waldes

Die Preiselbeeren gut verlesen und nicht mehr gute und zu unreife Beeren aussortieren. Anschließend sehr kurz in stehendem kalten Wasser waschen und gründlich trocknen. Die Beeren mit dem Zucker in eine Schüssel geben, langsam und behutsam etwa 30 Minuten rühren, bis die Beeren gut Saft gezogen haben und eine sirupartige Konsistenz erreicht ist. Hierfür eignet sich auch hervorragend eine Küchenmaschine wie von KitchenAid. Man benutzt den Flachrührer und lässt die Maschine auf niedrigster Stufe rühren, sodass die Früchte nicht zerschlagen werden. So lässt sich komfortabel und zeitsparend das Kompott herstellen.

1,8 kg Blaubeeren
250 ml Rotwein
1 EL Maisstärke
500 ml roter Traubensaft
500 ml Apfelsaft
500 ml Holundersaft
250 ml Weißwein
1 kg Rohrzucker
½ TL Meersalz

Blaubeer-Einweckfond

Stark in Geschmack & Farbe, damit bekommt man Blaubeeren in den Winter

Die Einweckgläser und Deckel in kochendem Wasser sterilisieren.

Die Blaubeeren gründlich kalt abbrausen und von den restlichen Stielansätzen befreien. Gut trocknen lassen.

Zunächst 100 Milliliter von dem Rotwein mit der Maisstärke verrühren, ohne dass sich Klümpchen bilden. Alle weiteren Zutaten in einem Topf kurz aufkochen und anschließend mit der Stärke-Rotwein-Mischung abbinden. Die Blaubeeren gleichmäßig auf die Einweckgläser verteilen, den heißen Einweckfond dazugeben, sodass alle Beeren gut bedeckt sind. Die Gläser fest verschließen und im leicht kochenden Wasserbad für 15–20 Minuten einwecken.

Zitronen-Confit

Der libanesische Klassiker als Allrounder in der Vollwertküche

200 g Bio-Zitronen (3 Stück)
10 g Meersalz
50 g Rohrzucker
5 g Kurkuma
50 ml Orangensaft
50 ml Zitronensaft
50 ml Wasser

Die Zitronen heiß abwaschen, klein würfeln und mit Salz, Zucker und Kurkuma 15 Minuten Saft ziehen lassen, dann fein wolfen. Anschließend mit den Säften und Wasser glatt rühren und in Weckgläsern für 30 Minuten einkochen.

Gutsküchen-Haus-Vinaigrette

Ein echter Klassiker! Und die Basis für jede gute Vinaigrette-Abwandlung

50 g rote Zwiebeln
1 mittelgroße Zehe junger Knoblauch
250 ml Apfelsaft
150 ml Mangosaft
150 ml Apfelessig
40 ml Ahornsirup
80 g Rübendicksaft
1 EL feiner Dijonsenf
1 gestrichener EL feines Meersalz
1 Messerspitze Cayennepfeffer
1 gestrichener EL frisch gemahlener schwarzer Pfeffer
Abrieb und Saft von ½ Bio-Zitrone
250 ml Sonnenblumen- oder Rapsöl
250 ml kalt gepresstes Olivenöl extra vergine

Die Zwiebeln und den Knoblauch grob hacken und dann zusammen mit dem Apfelsaft in den Mixer geben und ganz fein zerkleinern.

Anschließend die übrigen Zutaten – mit Ausnahme des Öls – in einem hohen Gefäß mit einem Mixstab sehr gründlich mischen. Das Öl nach und nach hinzugeben, damit eine ganz feine Emulsion entsteht und das Öl sich nicht wieder absetzt. Das Dressing sollte mindestens 6 Stunden, besser über Nacht ziehen.

Das Dressing in Glasflaschen füllen und im Kühlschrank aufbewahren. Das Dressing hält sich problemlos 1 Woche im Kühlschrank.

Eingeweckte Gartengurken

3 kg Gartengurken
100 g Meersalz
1 l Wasser
200 g Zwiebeln
800 ml Branntweinessig
900 g Zucker
1 EL Pimentkörner
1 EL Senfsaat
1 EL Sternanis
1 EL schwarze Pfefferkörner
½ Bund Dill
einige Petersilienstiele
3 Lorbeerblätter

Pure Sommerfreunde im Glas. Nicht nur pikant und süß-sauer, sondern geschmacklich generell der Hammer

Vor dem Einwecken die Weckgläser und Deckel gut reinigen und mit kochendem Wasser sterilisieren.

Die Gurken in lauwarmem Salzwasser gründlich waschen, über Nacht in frischem, gut gesalzenem Wasser im Kühlschrank ziehen lassen. Die Zwiebeln schälen und in grobe Würfel schneiden. Alle Zutaten, bis auf den Dill, die Petersilienstiele und die Lorbeerblätter in einen Topf geben und aufkochen lassen. Die Gurken in die Gläser schichten, die Kräuter und die Lorbeerblätter gleichmäßig auf die Gläser verteilen und mit dem heißen Gurkensud angießen, bis alles bedeckt ist. Die Gläser fest verschließen und zwischen 45 und 90 Minuten, je nach Größe der Gurken, im Wasserdampf einwecken.

Sanddorn-Vinaigrette

150 ml Sanddornsaft
(Vollfrucht)
100 ml Haus-Vinaigrette
(Rezept Seite 227)
80 ml Apfelsaft
50 ml Orangensaft
70 ml natives Rapsöl
50 ml Olivenöl extra vergine
2 EL Arganöl
2 EL Apfelessig
1 EL Zitronenöl
2 TL feiner Dijonsenf
2 TL Meersalz

Meine »norddeutschen Zitronen« – die Meeresküstenbeeren haben ein wunderbares Aroma und lieben Ziegenkäse & herbe Salate

Alle Zutaten in ein hohes Rührgefäß geben, mit dem Stabmixer gut emulgieren und anschließend noch einmal abschmecken.

Cesare-Dressing

Nicht nur in New York ein beliebter Klassiker. Macht aus einem gewöhnlichen Salat eine raffinierte Hauptspeise

Alle Zutaten in einem hohen Gefäß mit dem Mixstab ganz fein pürieren. Im Kühlschrank mindestens 10 Stunden abgedeckt ziehen lassen. Noch einmal gut verrühren. Das Dressing lässt sich gut in einem verschlossenen Glasgefäß mehrere Tage im Kühlschrank aufbewahren.

Tipp: Wir lieben dieses italo-amerikanische Geschmackswunder zu Tintenfisch, kräftigen Gemüsen oder gerösteten Bittersalaten wie Endiviensalat.

50 g frisch geriebener
   Parmesan
2 Sardellenfilets
1 guter EL feiner Dijonsenf
1 große Zehe Knoblauch
70 ml Gemüsefond
100 ml Sauerrahm
40 ml Sahne
150 ml Sonnenblumenöl
40 ml Zitronensaft
1 EL Worcestershire-Soße
1 TL Zucker
1 TL Meersalz
1 TL Kräutersalz
frisch gemahlener
   schwarzer Pfeffer

....

Joghurt-Estragon-Dressing

Das französische Pendant zum Cesare-Dressing, viel leichter und frischer

schwarzer Pfeffer

Die Estragonblättchen von den Stielen zupfen und fein schneiden. Alle Zutaten gut verrühren, sodass ein schönes cremiges Dressing entsteht. Etwa 1 Stunde ziehen lassen und anschließend noch einmal mit Salz und Pfeffer abschmecken.

Das Dressing lässt sich in einem verschließbaren Glasgefäß gut im Kühlschrank aufbewahren.

1 Bund Estragon
150 ml Haus-Vinaigrette
   (Rezept Seite 227)
150 g Vollmilchjoghurt
100 g saure Sahne
80 ml kräftiger Gemüsefond
3 EL Ahornsirup
Saft und Abrieb von
   1 Bio-Zitrone
60 ml Olivenöl mit
   Limettenaroma
1 EL Kräutersalz
1 EL Zucker
2 TL feines Meersalz
1 TL frisch gemahlener

Haselnussdressing

150 g Haselnüsse
3 kleine Zwiebeln
ein wenig neutrales
    Öl zum Anrösten
50 ml Haselnussöl aus
    gerösteten Haselnüssen
300 ml Haus-Vinaigrette
    (Rezept Seite 227)
80 g Rübendicksaft
200 ml kräftiger
    Gemüsefond
200 ml Apfelsaft
100 ml Apfelessig
40 ml Balsamicoessig
40 ml salzreduzierte
    Sojasoße
2 EL Kräutersalz
1 gestrichener TL frisch
    geriebene Muskatnuss
1 TL frisch gemahlener
    schwarzer Pfeffer

Haselnuss in sehr eleganter Art – schmeichelt jedem Bittersalat

Die Haselnüsse in einen Klarsichtbeutel geben und mit einem kleinen Stieltopf oder einer kleinen Bratpfanne grob zerbrechen.

Die Zwiebeln schälen und in Würfel schneiden. Die Haselnüsse zusammen mit den Zwiebeln und ganz wenig neutralem Öl in der Pfanne anrösten. Auf einen Teller geben und auskühlen lassen.

Alle Zutaten in einen Standmixer geben und fein mixen.

Das Dressing mindestens 12 Stunden, besser über Nacht ziehen lassen. Danach durch ein feines Sieb passieren.

Das Dressing in einem verschlossenen Glasgefäß im Kühlschrank lagern.

Preiselbeer-Vinaigrette

3 EL Preiselbeergelee
500 ml Haus-Vinaigrette
    (Rezept Seite 227)
50 ml Himbeeressig
3 EL kalt gerührte Wildpreiselbeeren (Rezept
    Seite 226)
1 cl Gin
2 Prisen Kräutersalz
1 Prise Wacholderbeeren,
    fein gemörsert

Vollfruchtig, lieblich, edel süß – raffiniert! Ja, das geht auch mit einer Vinaigrette

Das Preiselbeergelee und die Haus-Vinaigrette mit einem Mixstab vermischen. Alle weiteren Zutaten hinzugeben und mit einem Schneebesen gut vermengen. Nicht den Mixstab verwenden, damit die schöne rote Farbe erhalten bleibt.

Basilikum-Pesto

Der Tausendsassa aus Bella Italia, etwas leichter und laktosefrei!

Alle Kräuter sowie den Spinat gut waschen und schleudern, anschließend grob vorschneiden. Mit dem Öl und den restlichen Zutaten bis auf Salz und Pfeffer alles fein mixen. Zum Schluss mit Salz und Pfeffer abschmecken. Zügig in kleine Gläser abfüllen und das Pesto runterklopfen, anschließend kalt und dunkel aufbewahren.

Hinweis: Für die Variante nach traditionell Genoveser Art empfehle ich, fein geriebenen Parmesan immer frisch unterzuheben, da das Pesto ohne Käse besser und länger haltbar ist!

200 g Basilikum
   (ohne harte Stielenden)
200 g Blattpetersilie
100 g tiefgekühlten Spinat
300 ml Olivenöl
   extra vergine
80 ml kalten Gemüsefond
50 g Mandelkerne
10 g fein geschnittener
   Knoblauch
2 EL Kräutersalz
½ TL frisch gemahlener
   schwarzer Pfeffer

....

Café-de-Paris-Butter

Butter küsst Steak & Grillgut …mmmmhhh!

Die Butter etwa 2 Stunden vor der Zubereitung aus dem Kühlschrank nehmen. Die Kräuter waschen und trocken tupfen. Die Blättchen von den Stielen zupfen und fein hacken. Natürlich geht das Ganze auch mit getrockneten Kräutern, aber das Aroma frischer Kräuter ist unvergleichlich.

Das Rapsöl, den Zitronensaft und die Butter mit dem Handmixer schaumig aufschlagen.

Jetzt die übrigen Zutaten hinzugeben und alles mit dem Handmixer auf der langsamen Stufe vermischen.

Die fertige Buttermischung in die Mitte eines Stücks Klarsichtfolie geben und zusammendrehen wie bei einem Serviettenknödel. Die Butter für mindestens 2 Stunden in den Kühlschrank legen. Die so entstandene Butterrolle lässt sich so toll portionieren. Butter, die nicht gleich verbraucht wird, kann man in der Klarsichtfolie auch gut einfrieren.

130 g zimmerwarme Butter
1 TL fein gehackte Petersilie
1 TL fein gehackter Majoran
1 TL fein gehackter Kerbel
1 TL fein gehackter Thymian
1 TL fein gehackter Dill
2 EL Rapsöl
1 TL Zitronensaft
1 Messerspitze
   Paprikapulver edelsüß
½ TL Zitronenpfeffer
1 TL Dijonsenf
½ TL Meersalz
2 cl Sherry Medium

250 g Sauerrahmbutter

Nussbutter

Buttergeschmack mit wunderbar nussigem Karamellaroma, ganz ohne Nüsse & Zucker!

Die Sauerrahmbutter in einen Topf geben und unter Rühren bei mittlerer Hitze zum Kochen bringen. Die Butter so lange weiterköcheln, bis alles Wasser aus der Molke verdampft ist. Die Butter weiter auf dem Herd rühren, bis der Molke-Rückstand eine ganz leicht bräunliche Farbe annimmt. Dann die Butter in eine bereitstehende kleine Schüssel gießen, damit der Bräunungsvorgang sofort beendet und die Molke nicht zu dunkel wird. Die geklärte Nussbutter etwas abkühlen lassen und in ein verschließbares Gefäß gießen, sodass die karamellisierte Molke in der Schüssel zurückbleibt. Die geklärte Nussbutter ist problemlos einige Wochen im Kühlschrank haltbar.

Tipp: Besonders fein wird das Nussbutter-Aroma, wenn man jeweils 1 Prise frisch geriebene Muskatnuss, schwarzen Pfeffer und Meersalz hinzugibt.

Hinweis: Butter besteht zu etwa 80 Prozent aus Butterfett und zu 20 Prozent aus Molke, die wiederum aus Wasser, Eiweiß und Milchzucker besteht. Die leicht karamellisierte Molke gibt der Butter eine ganz leicht bräunliche Farbe und den unverwechselbar vollmundigen Geschmack.

Gremolata

Meine wohl liebste Gewürzbuttermischung zu Schmorgerichten wie Gulasch, Ossobuco und kräftigem Röstgemüse

1 Bund glatte Petersilie
2 TL Kümmel
5 Knoblauchzehen
170 g zimmerwarme Butter
50 ml Olivenöl extra vergine
1 EL Zitronenöl
2 TL Meersalz
1 TL Zitronenpfeffer
Abrieb und Saft
  von ½ Zitrone

Die Petersilie waschen und trocken tupfen, die Blättchen von den Stielen zupfen und fein hacken. Den Kümmel in einem Mörser etwas zerstoßen. Den Knoblauch pellen, den grünen Keim entfernen und mit der Knoblauchpresse zerdrücken. Die zimmerwarme Butter mit einem Handmixer schaumig aufschlagen und alle Zutaten gut unterrühren, um die Butter schön geschmeidig zu halten.

Die Gremolata auf Pergamentpapier geben und zu einer Rolle formen, mehrere Minuten mit einem Küchenmesser fein hacken, dann aufrollen und an den Enden zubinden. Im Kühlschrank aufbewahren.

Wir können etwas bewegen

•

Wollen wir uns widerspiegeln, auf unsere Wurzeln hören, uns weiterentwickeln? Als Vater von zwei kleinen Menschen fällt mir die Antwort leicht. Natürlich!

Hat Sie meine Art naturnah, saisonal und nachhaltig zu kochen und bewusst zu genießen, etwas bewegt? Gibt es den guten Geschmack, über welchen wir NICHT streiten wollen? Den wir einfach zusammen genießen wollen?

Dann freue ich mich auf ein Wiedersehen in der Gutsküche!